Page à conserver

DESCRIPTION
SOMMAIRE
DES DESSEINS
DES GRANDS MAISTRES

D'ITALIE, DES PAYS-BAS ET DE FRANCE,

DU CABINET

DE FEU M. CROZAT.

Avec des Réflexions fur la maniere de deffiner
des principaux Peintres.

Par P. J. MARIETTE.

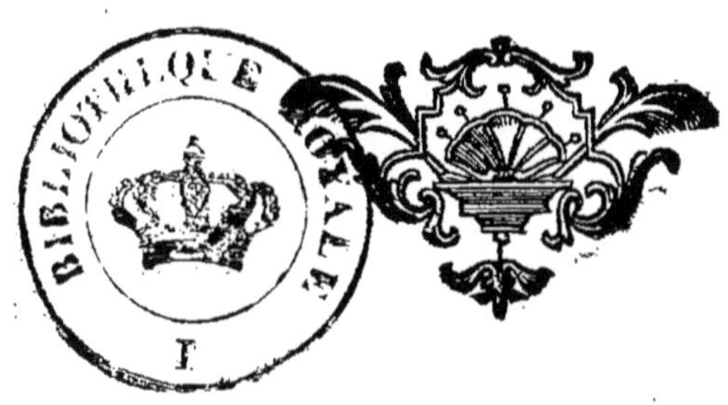

A PARIS,

Chez PIERRE-JEAN MARIETTE, ruë S. Jacques,
aux Colonnes d'Hercules.

M. DCC. XLI.

DESCRIPTION
SOMMAIRE
DES DESSEINS
DES GRANDS MAISTRES
d'Italie, des Pays-Bas & de France,
DU CABINET
DE FEU M. CROZAT.
Avec des Réflexions sur la maniere de dessiner
des principaux Peintres.
Par P. J. MARIETTE.

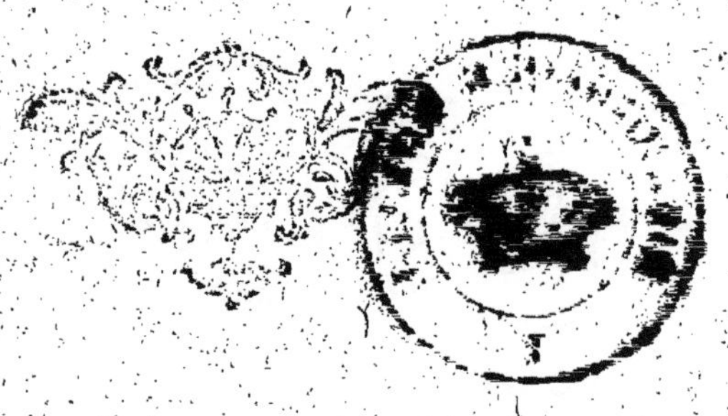

A PARIS,
Chez Pierre Jean Mariette, rue S. Jacques,
aux Colonnes d'Hercules.

M. DCC. XLI.

A V I S.

ON ne doit pas attendre de moi, que je donne ici une defcription complette du Cabinet de M. Crozat; une telle entreprife me conduiroit trop loin , & elle eft au-deffus de mes forces. Ce célebre curieux s'étoit borné, il eft vrai, à ne placer dans fon Cabinet que des morceaux qui étoient du reffort du Deffein; & cependant le Recueil qu'il avoit formé étoit devenu fi immenfe , qu'une fimple énumeration de chaque chofe compoferoit feule un très-gros volume. Les Tableaux des grands Maîtres dont il avoit fait choix , & ce font prefque tous des Tableaux du premier ordre , paffent le nombre de quatre cent , & les ouvrages de Sculpture ne font ni moins nombreux , ni moins confidérables. Outre de précieufes Statuës de marbre & des Buftes auffi rares , on admiroit dans ce Cabinet des bronzes de toute efpece , & ce qui mérite une attention encore plus particuliere , de merveilleux Módéles en terre cuite de Michel-Ange , de Paul Veronefe , de François Fla-

ã ij

mand, de l'Algarde, du Bernin, de Melchior Caffa, d'Anguier & de l'illuſtre Le
Gros, de tous ceux, en un mot, qui ſe ſont
acquis un grand nom dans la Sculpture. M.
Crozat s'étoit fait encore un très-grand Recueil d'Eſtampes de tous les Maîtres, tant
anciennes que modernes. Il ne lui manquoit
aucun des Livres qui traitent des Arts dé-
pendans du Deſſein. Peu à peu il avoit formé
la plus belle Collection de Pierres gravées
qui fût jamais entre les mains d'aucun parti-
culier; & quand on penſe qu'il avoit raſſem-
blé dix-neuf mille Deſſeins, on ſe ſent autant
ſaiſi de ſurpriſe, que d'admiration.

A l'exception des Pierres gravées & des
Deſſeins, toutes ces curioſités ſont paſſées,
ſans changer de place, entre les mains de M.
le Marquis du Châtel, à qui M. Crozat les
a leguées. Non-ſeulement il en connoît le
prix; mais il ſe fait encore un plaiſir de les
communiquer à ceux qui les aiment; ainſi le
public peut juger par lui-même toutes les fois
qu'il le voudra, du mérite de toutes ces ſin-
gularités, & je crois par-là être diſpenſé d'en
parler plus au long.

Je n'ai donc à faire connoître ici, que la partie du Cabinet de M. Crozat, dont il a ordonné la vente par son Teſtament, & dont il a voulu que le prix fût diſtribué aux Pauvres. C'eſt-à-dire, les Pierres gravées, les Deſſeins, & les Planches & Eſtampes qu'il avoit fait graver.

Je devrois commencer par les Pierres gra-vées; mais depuis que Monſeigneur le Duc d'Orleans, en a fait l'acquiſition en entier, ce ſoin appartient à des perſonnes plus habi-les, qui tôt ou tard ne manqueront pas de donner au Public une explication ſçavante de ces Monumens ſinguliers, de l'Antiquité Grecque & Romaine.

Je n'entreprendrai point non plus, en par-lant des Deſſeins, de montrer tous les avan-tages qu'on en peut tirer, & combien leur con-noiſſance eſt propre & neceſſaire pour former le goût; je me bornerai à faire l'hiſtoire de cette portion du Cabinet de M. Crozat, qui pendant toute ſa vie avoit meritée tous ſes ſoins. C'é-toit celle ſur laquelle il s'étoit le plus étendu, & avec quel bonheur n'y avoit-il pas réuſſi?

Dès l'année 1683. c'eſt-à-dire dans le tems

qu'il étoit encore à Toulouse, il avoit com-
mencé à acquerir des Desseins de la Fage.
Mais quand M. Crozat fut venu à Paris, &
qu'il eut vû entre les mains des principaux
Curieux, les Desseins des grands Maîtres
d'Italie, alors il n'épargna ni peine ni dépenses,
pour se procurer des ouvrages de ces Maîtres
du Dessein. Monsieur Jabach dont le nom sub-
sistera pendant longtems avec honneur dans la
Curiosité, en vendant au Roi ses Tableaux &
ses Desseins, s'étoit réservé une partie de
Desseins, & ce n'étoient pas certainement
les moins beaux; M. Crozat les acquit de ses
heritiers. Il eut encore une partie de ceux
qui avoient appartenu à M. de la Nouë, l'un
des plus grands Curieux que la France ait eu,
& bien-tôt il réunit à son Cabinet, les Desseins que l'illustre Mademoiselle Stella avoit
trouvé dans la succession de M. Stella son
oncle, & qu'elle avoit conservé précieusement toute sa vie. L'Abbé Quesnel avoit
acheté les Desseins de M. Dacquin, Evêque
de Seés, parmi lesquels il y en avoit d'excellens de Jules Romain; il avoit eu les débris
de la fameuse Collection de Desseins du Va-

fari ; il ceda l'un & l'autre à M. Crozat, qui acheta encore des heritiers de M. Pierre Mignard deux volumes de Deſſeins des Carraches, que cet habile Peintre avoit apporté de Rome. Après la mort de M. Bourdalouë, de M. de Montarſis, de M. de Piles & de M. Girardon, tous noms célebres dans la Curioſité ; M. Crozat choiſit à leurs Ventes, ce qu'il y avoit de plus ſingulier en Deſſeins dans leurs Cabinets. S'il falloit ſuivre M. Crozat dans toutes les autres acquiſitions de Deſſeins qu'il fit en France, on ne finiroit point ; car tout alloit à lui, & il ne laiſſoit rien échapper.

Le ſieur Corneille Vermeulen, fameux Graveur d'Anvers, faiſoit aſſés régulierement tous les ans le voyage de Paris, & il ne manquoit gueres d'apporter avec lui des Deſſeins ſinguliers. Ces Deſſeins étoient preſque toujours pour M. Crozat ; & c'eſt ainſi que ſont entrés dans ſon Cabinet pluſieurs Deſſeins de Raphaël, & d'autres grands Maîtres, d'une ſinguliere beauté, & tous ces grands & ſuperbes Deſſeins de Rubens qui ſortoient du Cabinet d'Antoine Trieſt, Evêque de Gand.

Si quelque vente conſiderable de Deſſeins

étoit indiquée dans les Païs étrangers, M. Crozat ne manquoit pas d'y envoyer ses commissions. La vente du Cabinet de Milord Sommers à Londres, & celle de M. Vander Schelling à Amsterdam, ont augmenté son Cabinet d'une infinité de Desseins Capitaux.

Avec quel regret, ceux qui ont connu particulierement M. Crozat, ne lui ont-ils pas souvent entendu parler du célebre Cabinet de M. Flinck de Rotterdam, que Milord Duc de Devonshire lui avoit enlevé ?

Telles sont à peu près les acquisitions que M. Crozat a faites en France & dans les Païs-Bas ; mais toutes importantes qu'elles sont, elles ne paroissent pas cependant encore comparables, à celles qu'il a faites en Italie. Dans le voyage qu'il y fit en l'année 1714. il rapporta de ce païs-là des trésors, en fait de Desseins. En passant à Boulogne, il acheta des heritiers des sieurs Boschi leur Cabinet tout entier, qui venoit originairement du Comte Malvasia. Il trouva à Venise chez M. Chelchelsberg des Têtes en pastel, & d'autres Desseins du Baroche qui sont sans prix. À Rome il recueillit la Collection de Desseins

de

de *Carle* degli Occhiali, celle d'Auguftin Scilla, Peintre Sicilien, qui contenoit un grand
nombre de Deffeins de Polidor de Caravage,
& celle du Chanoine Vittoria, Efpagnol, éleve & intime ami de *Carle* Maratte. Mais l'oc-
cafion où il fut, ce femble, le mieux fervi par la
Fortune, ce fut dans la découverte qu'il fit à
Urbin d'une partie confiderable de Deffeins
de Raphaël, tous d'une condition parfaite,
qui fe trouvoient encore entre les mains d'un
defcendant de Timothée Viti, l'un des plus
habiles difciples de ce grand Peintre. J'ignore en quel tems M. Crozat vit paffer dans
fon Cabinet les Deffeins qui viennent des
fieurs Mozelli de Verone, & le Recueil
qu'avoit formé un Cardinal de la Maifon de
Santa Crocé, qui vivoit à Rome dans le
dernier fiécle ; mais ce qui eft certain, ces
deux Collections ne contenoient que des
Deffeins excellens. M. Crozat de retour à
Paris, continua d'entretenir des Correfpon-
dances en Italie, & il en fit venir en differens
tems la Collection entiere du fieur Pio de Rome, celle du fieur Lazari de Venife, du Chevalier Afcagne della Penna de Peroufe, dont

il eſt parlé avec éloge dans la deſcription des Peintures de cette Ville, par le Pere Morelli, & enfin le beau choix de Deſſeins que Laurent Paſinelli, fameux Peintre de Boulogne, s'étoit fait pour lui-même avec un goût digne de ſon ſçavoir ; à quoi il faut ajouter les Deſſeins de Dom Livio Odeſcalchi, qui furent donnés à M. Crozat, lorſque S. A. R. Monſeigneur le Duc d'Orleans, Regent, acheta les Tableaux de ce Prince.

Ce ne ſont pas, comme on le voit, des Deſſeins achetés un à un, ce ſont des Cabinets entiers, & des Cabinets de la premiere réputation, qui ſe ſont réunis chez M. Crozat, & qui ont fait du ſien, le plus grand Cabinet de Deſſeins qui, on oſe le dire, ait jamais été.

Je me borne à cet éloge, & je penſe que je ne puis auſſi mieux louer celui qui a poſſedé de ſi belles choſes. On ne ſe détermine à les raſſembler, qu'autant qu'on les aime, & qu'on en ſçait connoître le prix. Mais ce qui acheve l'éloge de M. Crozat, & qui lui eſt infiniment honorable, il n'aimoit point ſes Deſſeins pour lui ſeul, il ſe faiſoit, au con-

traire, un plaifir de les faire voir aux amateurs toutes les fois qu'ils le lui demandoient,
& il ne refufoit pas même d'en aider les Ar-
tiftes. On tenoit affez régulierement toutes
les femaines des affemblées chez lui, où j'ai
eu pendant longtems le bonheur de me trouver, & c'eft autant aux ouvrages des grands
Maîtres qu'on y confideroit, qu'aux entre-
tiens des habiles gens qui s'y réuniffoient,
que je dois le peu de connoiffances que j'ai
acquifes, & qui m'ont mis en état de dreffer
le Catalogue que j'ofe préfenter au public.
Je l'ai fait uniquement pour guider ceux qui
voudront acquerir des Deffeins dans la vente
qui s'en doit faire en détail, & j'efpere qu'on
ne fera pas mécontent de la diftribution que
j'y ai obfervé.

Il ne me refte qu'à demander quelque in-
dulgence pour les réflexions que j'ai inferées
dans ce Catalogue. Je ne fuis pas affés pré-
fomptueux pour les donner comme des dé-
cifions, j'avouë même que je ne les aurois pas
hafardées, fi je n'avois cru par-là rendre
la lecture de ce Catalogue, moins féche &
moins ennuyeufe ; & d'ailleurs, je les foumets

volontiers au jugement des personnes éclairées, que je me ferai toujours un devoir de suivre.

L'on trouvera à la suite du Catalogue des Desseins de M. Crozat, un détail des Planches qu'il a fait graver, & le nombre à peu près d'exemplaires qui restent de l'édition qu'il en avoit fait faire. Ce détail est pour ceux qui voudront faire l'acquisition de ces Planches & de ces Exemplaires.

On indiquera la Vente par des Affiches, quelque tems avant qu'elle commence.

DESCRIPTION SOMMAIRE
DES DESSEINS
DU CABINET
DE FEU M. CROZAT.

ECOLE FLORENTINE
fous laquelle eft comprife celle de SIENNE.

VIEUX MAISTRES DE L'ÉCOLE FLORENTINE.

Le GIOTTO, *Fra Filippo* LIPPI, MASACCIO, *Paul* UCCELLO, POLLAIOLO, *&c.*

1. CINQUANTE-CINQ Deffeins de ces anciens Maîtres.
2. Cinquante-cinq, *idem.*
3. Cinquante-cinq, *idem.*

Plufieurs de ces Deffeins viennent du fameux Recueil du Vafari, dont cet Auteur fait mention fi fouvent dans fes vies des Peintres.

Leonard de Vinci.

4 Quinze Deffeins , dont une tête de Moine & l'Eftampe qui en a été gravée.

5 Dix-huit, *idem*, dont plufieurs études de Têtes & de drapperies.

6 Dix-huit, *idem*.

7 Neuf, *idem*, de Têtes en grand deffinées aux trois Crayons.

8 Six grands Deffeins de Leonard de Vinci , ou faits dans fon Ecole, dont le tableau de la Cene de Milan , & des Etudes de toutes les têtes de ce tableau féparément.

Les Peintres qui précederent Leonard de Vinci, ne connoiffoient que très-imparfaitement la Nature , ils avoient une maniere de la repréfenter, qui aride & mefquine, n'avoit point encore franchi les bornes du goût gothique. Ainfi Leonard de Vinci n'eut perfonne pour l'éclairer : mais il étoit lui-même une lumiere qui devoit fervir de guide à tous ceux qui viendroient après lui. Il devint le créateur d'une maniere, que les Italiens ont appellé la maniere moderne ; maniere qui ayant pour objet l'imitation parfaite de la Nature, rendoit à la Peinture fon ancien éclat. Pour y parvenir, Leonard deffina beaucoup, & avec une précifion merveilleufe. Si l'on voit aujourd'hui fi peu de fes Deffeins, il faut l'attribüer & à la grande diftance qui eft entre fon Siécle & le nôtre, & aux précautions qu'on a prifes dans tous les tems, pour empêcher que fes Deffeins ne fortiffent des grandes Bibliotheques où l'on en conferve des fuites. J'ai tâché de donner autrefois une idée du mérite de ce grand homme, & de fa façon de deffiner. Oferai-je renvoyer à ce petit écrit qui eft à la tête d'un Recueil de fes Deffeins, qu'a gravé M. le Comte de Caylus, ceux qui voudront s'amuſer à lire les réflexions, dont j'ai ſemé ce Catalogue ?

MICHEL-ANGE BUONAROTI.

9 Six Deſſeins, dont un Chriſt mort environné des Saintes femmes, une Vierge qui allaite l'enfant Jeſus, & diverſes Académies.

10 Six, *idem*, dont les premieres penſées pour le tableau de la Chûte de Phaëton, & pour le Chriſt en Croix, le reſte étant des Etudes.

11 Six, *idem*, dont une premiere penſée pour un Martyre de S. Etienne.

12 Six, *idem*, diverſes Etudes; entr'autres celle d'une Main, dont l'hiſtoire ſera rapportée ci-après.

13 Huit, *idem*, dont un jeune homme porté par deux autres, & differentes Etudes.

14 Huit, *idem* : Etudes.

15 Huit, *idem* : autres Etudes.

16 Huit, *idem*, dont l'Etude de la Samaritaine.

17 Dix, *idem*, Académies & autres Etudes.

18 Dix, *idem*, dont deux Deſſeins repréſentant Michel-Ange occupé à faire des diſſections.

19 Dix, *idem*, dont une Etude pour le fameux Crucifix qui a donné occaſion de débiter une fable, qui n'a jamais eu le moindre fondement.

20 Quatorze, *idem*, Etudes de Squelettes, &c.

21 Vingt, *idem*, dont Hercule étouffant Antée.

Michel-Ange & Raphaël partagent la gloire, d'avoir été les deux plus grands deſſinateurs qui ayent paru depuis le renouvellement des Arts. Si l'un eſt dans ſon Deſſein d'une ſageſſe & d'une ſim-

plicité qui gagne le cœur, l'autre eſt fier, & mon
tre un fond de ſcience où Raphaël lui-même n'a
pas eu honte de puiſer. Les caracteres differens de
ces deux grands hommes influoient ſur leur goût.
Raphaël né voluptueux ſacrifioit aux Graces, tandis
que Michel-Ange livré à la mélancolie, ne mé-
ditoit que des idées graves, & ſéveres. Occupé
preſque toute ſa vie à faire des diſſections anatomi-
ques ou à deſſiner d'après le modéle, il s'étoit tellement familiariſé avec tous les reſſorts qui font agir
le corps humain, qu'il étoit devenu le maître de
ranger chaque muſcle à ſa place, & de leur donner
la forme que des ſituations variées les obligeoient de
prendre. Sans cette connoiſſance eût-il jamais oſé
introduire dans ſes ouvrages, & ſur tout dans ſon
Jugement dernier des figures, dont les attitudes
hardies n'avoient encore été tentées par aucun Maître ? Ce n'eſt pas ici le lieu d'examiner ſi la décen-
ce y étoit gardée, je n'ai pour but, que de repréſenter Michel-Ange, comme le plus terrible deſſinateur qu'il y ait eu. On doit juger de l'eſtime qu'il
faiſoit de la partie du Deſſein, par ce qui lui arriva
lorſque le Cardinal de Saint Georges députa vers
lui, pour ſçavoir s'il étoit réellement l'Auteur d'u-
ne Statuë qui avoit été venduë pour antique à cette Eminence. Michel-Ange ne fit autre choſe que
de prendre la plume, deſſiner une main, & la donner pour preuve de la verité du fait. Ce Deſſein
dont il eſt fait mention dans la vie de cet Artiſte,
ſe retrouve dans la Collection de M. Crozat, avec
quantité d'autres qui ſont autant de preuves de ſon
ſçavoir. Les uns ſont à la plume, qu'il manioit très-
bien, & ce ſont ordinairement ceux qu'il a fait
dans ſon premier tems ; les autres ſont au crayon, &
c'eſt ainſi que ſont faites les Etudes du Jugement
dernier, que j'ai vû à Florence. M. de la Nouë &
M.

M. Jabach, avoient recueilli la plus grande partie des Desseins de Michel-Ange, qui forment la Collection de M. Crozat.

André DEL SARTE.

22 Deux Têtes ; l'une de femme à la sanguine, l'autre d'homme à la pierre noire. Cette derniere tirée du livre du Vasari.

23 Deux autres Têtes ; l'une de femme encore à la sanguine, & l'autre de vieillard à la pierre noire. Cette derniere vient pareillement du livre du Vasari.

24 Six Desseins de differentes Etudes, & une Estampe.

25 Quatre, *idem*, dont deux de Compositions, très-finis ; l'un représentant l'Apparition de l'Ange à Zacharie, l'autre une sainte Famille.

26 Six, *idem*, dont une Vierge avec l'enfant Jesus.

27 Six, *idem*, dont deux de Compositions, qui sont la Visitation & la Pentecôte, & un Dessein à la sanguine dans le stile de Polidor.

28 Quinze, *idem*, de differentes Etudes.

29 Vingt & un, *idem* : Etudes.

30 Vingt-deux, *idem* : Etudes.

L'on met à Florence André del Sarte dans le même rang que Raphaël, & certainement si l'on ne cherche dans ses ouvrages que la simplicité, les graces, la belle façon de drapper & la pureté des contours, il approche beaucoup de ce grand Peintre ; qui ne lui est superieur que par la sublimité des idées & la fierté des caracteres. Il y a aussi une grande conformité dans la maniere de dessiner, de ces deux excellens Artistes. On trouvera dans la Collection de M. Crozat, des Têtes, qu'on ne

feroit point difficulté de donner à Raphaël, si l'on
n'étoit sûr qu'elles font d'André del Sarte.

Frà Bartolome' de saint Marc.

31 Trois Desseins ; sçavoir la Vierge accompagnée de
plusieurs Saints, dont le tableau est dans l'Eglise
de S. Marc à Florence ; une autre Vierge portée
par les Anges, apparoissant à un religieux Bene-
dictin, & S. Dominique faisant brûler les livres
des Héretiques ; Desseins capitaux de ce Maître.

32 Deux, *idem*, Têtes en grand à la pierre noire.

33 Vingt-six, *idem*, Etudes, & parmi de très-belles
mains.

34 Vingt-six, *idem*.

35 Vingt-sept, *idem*.

36 Trente-quatre, *idem*.

37 Trente-quatre, *idem*, & quelques-uns du Sogliani
son disciple, avec une Estampe d'après un tableau
de Frà Bartolomé.

Depuis la découverte que M. le Chevalier Gab-
burri a fait dans un Monastere de Religieuses à
Florence, d'une Collection nombreuse de Desseins
de *Frà Bartolomé*, dont Vasari avoit fait mention
dans la vie de ce Peintre, les Desseins de ce grand
Artiste qui étoient rares, font devenus plus communs dans la curiosité. Ils se réduisent cependant
presque tous à des Etudes, qui font multipliées
plusieurs fois pour le même sujet ; car ce Peintre
qui a un grand goût & qui est correct, paroît avoir
enfanté difficilement. On ne trouve pas même une
certaine fermeté dans l'exécution de ses Desseins.
Ils font pour la plus grande partie à la pierre noire,
rehaussés de blanc, sur du papier gris.

BACCIO BANDINELLI.

38 Vingt-deux Desseins , Etudes & Compositions ,
dont le projet pour le tombeau du pape Clement
VII. qui est dans l'Eglise de la Minerve , à Rome.

39 Vingt, *idem* , dont Jesus-Christ distribuant son Sang
précieux aux hommes.

40 Vingt, *idem*. Figures d'Académies, & autres Etudes fiérement dessinées.

41 Vingt , *idem*.

42 Vingt , *idem*.

43 Vingt & un , *idem* , dont l'Académie de Baccio à
Belvedere , & l'Estampe qui en a été gravée par
Eneas Vicus : plus, un Dessein de Vincent Rossi ,
éleve du Bandinelle.

La maniere de dessiner du *Baccio* , est très-sçavante , & telle qu'on le devoit attendre d'un Maître qui étoit profond dans la connoissance de la
structure du corps humain , & de tous ses mouvemens ; mais cette maniere est aussi par trop austere ,
elle est même sauvage. Les imitateurs outrent presque toujours la maniere qu'ils prennent pour modéle , & le Bandinelli est tombé dans cet excès. Il a
choisi Michel-Ange pour son guide ; mais uniquement touché de la science avec laquelle ce
grand Maître a fait paroître les Muscles , il a réduit à cette partie toutes ses Etudes , & n'a plus
fait de figure qui ne fût un Hercule. Ainsi nulle variété dans ses figures , & nulle variété non plus
dans l'exécution de ses Desseins. La touche est par
tout la même, elle est ferme , mais elle est trop
égale. Je prefererois aux Desseins que ce Maître
a fait à la plume, ceux qu'il a exécutés à la sanguine , il y paroît moins de résolution , mais ils approchent davantage du vrai.

a ij

Jacques PONTORME, le ROSSO, *Daniel* de VOLTERRE, *François* SALVIATI, & *Georges* VASARI.

44 Vingt-huit Desseins de ces differens Maîtres.

45 Trente, *idem.*

46 Vingt-quatre, *idem.*

47 Vingt-quatre, *idem*, dont la fameuse Descente de Croix de Daniel de Volterre.

48 Vingt-cinq, *idem.*

49 Vingt-cinq, *idem.*

50 Vingt-six, *idem.*

51 Vingt-huit, *idem.*

52 Quinze, *idem.*

53 Quinze, *idem*, & deux Estampes.

54 Sept grands Desseins de François Salviati.

Tous ces Maîtres Florentins ont été de fort bons dessinateurs, si l'on en excepte le Vasari, dont la maniere a dégeneré en une pratique vicieuse. Les commencemens du Pontorme sont dignes d'André del Sarte ; il faisoit ses Etudes avec grand soin d'après nature, & ses figures d'Académies sont fort prisées. Le Rosso, quoique dans un goût sauvage, montre beaucoup de science. Le Salviati entend très-bien la Composition, & Daniel de Volterre bien qu'un peu froid dans l'exécution de son Dessein, est le plus parfait imitateur de Michel-Ange. Quant au Vasari, son nom ne s'est conservé qu'à la faveur de son grand & utile ouvrage sur les vies des Peintres, & de son beau Recueil de Desseins des grands Maîtres.

Le Tribolo, *Francia* Bigio, le Bronzin, *Bernardin* Poccetti, Boscoli, Franceschi-ni, Gabbiani, & autres Maîtres Florentins.

55 Vingt-cinq Desseins des Maîtres susdits.

56 Vingt-cinq, *idem.*

57 Vingt-cinq, *idem.*

58- Vingt-cinq, *idem.*

59 Dix-huit, *idem*, & vingt & un Estampes, la plû-part de Pietre de Jode, d'après le Boscoli.

Louis Cardi, dit le Civoli.

60 Sept Desseins, dont le Baptême de sainte Prisque par saint Pierre, & deux Estampes d'après ce Maître.

61 Sept, *idem*, dont le boiteux guéri à la porte du Temple.

Dominique Passignani.

62 Vingt-cinq Desseins, dont le Martyre de S. An-ge, Carme.

63 Vingt-quatre, *idem*, dont le couronnement de Cosme I. Grand Duc de Toscane.

64 Vingt-quatre, *idem*, & une Estampe gravée d'a-près un de ces Desseins.

Antoine Tempeste.

65 Trente Desseins de differens sujets.

66 Trente, *idem*, dont le combat des Centaures aux nôces de Pirithoüs.

67 Trente, *idem*, dont plusieurs Chasses.

68 Huit grands Desseins d'Antoine Tempeste & au-

tres, dans le nombre defquels en eft un de Simon Vouet, qui fait le fujet d'une Thefe dédiée à la Maifon de Savoye, lequel a été gravé par Mellan.

Le génie de Tempefte étoit extrêmement fécond, & de-là vient la prodigieufe quantité de Deffeins qu'il a fait. Comme il avoit le talent de très-bien repréfenter les Chevaux & toutes les autres efpeces d'animaux, les Batailles & les Chaffes font les Sujets où il a le mieux réuffi. Il a gravé pour le moins autant qu'il a deffiné, & tant qu'il y aura des connoiffeurs qui feront plus touchez du goût que de la propreté, dans les Eftampes, les fiennes auront des admirateurs.

Etienne DELLA BELLA.

69 Quarante Deffeins, contenant differentes Etudes de figures, & parmi un grand Deffein d'un Caroufel fait àModene.

70 Trente-deux, *idem* : Etudes de figures & païfages.

Il n'eft pas ordinaire de trouver dans les ouvrages des Graveurs de profeffion, autant d'efprit & de goût, qu'on en rencontre dans tout ce qui eft forti des mains de la Belle ; mais auffi avoit-il étudié pour devenir Peintre, il s'étoit formé fur les meilleures manieres, & toute fa vie s'étoit paffée à deffiner. Sa plume qui eft d'une legereté furprenante, exprime dans la plus grande jufteffe les plus petits objets ; ils ne craignent point d'être regardés avec la louppe, ils y gagnent au contraire beaucoup.

Differens Peintres Florentins, inconnus.

71 Trente-cinq Deffeins.

72 Trente-cinq, *idem.*

ECOLE DE SIENNE.

Balthazar de SIENNE, & le SODOMA.

73 Deux Desseins capitaux de Balthazar de Sienne; sçavoir une Adoration des Rois, & l'autre un Berger menant un Lion en lesse, avec l'Estampe de ce dernier Dessein.

74 Trente, *idem*, parmi lesquels il y en a neuf du Sodoma.

75 Trente, *idem*, du nombre desquels sont dix Desseins par le Sodoma, ensemble neuf Estampes d'après Balthazar de Sienne, dont l'Adoration des Rois par Augustin Carrache.

76 Deux grands Desseins, dont un est un sujet du Crucifiement du Signorelli de Cortonne, & l'autre un projet pour un Autel, par Balthazar de Sienne, aussi grand Architecte, qu'excellent Peintre.

77 Deux grands Desseins, dont un est l'Adoration des Bergers de Balthazar de Sienne : morceau important qui a été gravé au commencement du seiziéme Siécle.

78 Deux autres grands Desseins, dont un représente une Chapelle par Balthazar de Sienne.

Dominique BECCAFUMI, dit le MICARINO.

79 Vingt-trois Desseins, dont un Christ détaché de dessus la Croix, qui vient du livre du Vasari.

80 Vingt-quatre, *idem*, dont les Israëlites traversant le désert, & autres morceaux pour le pavé de Sienne.

81 Vingt-quatre, *idem*, dont une Adoration des Bergers, par Marc de Sienne.

François VANNI.

82 Huit Deſſeins, dont un des tableaux de l'Egliſe Cathédrale de Sienne, où ſaint Anſano baptiſe les Siennois, après leur avoir annoncé la foi.

83 Dix, *idem*, dont le Crucifix qui a été gravé par Corneille Galle.

84 Huit, *idem*, dont la cérémonie de la tranſlation du corps de ſainte Catherine de Sienne.

85 Dix, *idem*, dont la ſainte Vierge adorant l'enfant Jeſus dans la Créche.

86 Dix, *idem*, dont la Conception de la ſainte Vierge.

87 Dix, *idem*, dont une Fuite en Egypte, & S. François adorant l'enfant Jeſus.

88 Douze, *idem*, dont la Vierge aux Ceriſes qu'a gravé Corneille Galle.

89 Neuf, *idem*, dont ſainte Catherine de Sienne au lit de la mort, viſitée par le Pape.

90 Huit, *idem*, dont le Couronnement de la ſainte Vierge, & le S. François dont le tableau eſt à Lyon ; deux Deſſeins qui ont été gravés par Corneille Galle.

91 Huit, *idem*, dont la peſte de Milan.

92 Six, *idem*, dont ſainte Catherine de Sienne délivrant des poſſedés.

Ce Peintre gracieux ſans avoir été le diſciple du Barroche, en a pris toute la maniere ; il s'eſt comme lui, renfermé dans des Sujets de pieté, & il a eu la même attention à terminer ſes ouvrages, & ſingulierement ſes Deſſeins. Ceux qui ſont ici ont appartenus à M. de la Nouë fameux curieux, & c'eſt à leur occaſion que le Comte d'Arondel ſe détermina à faire un voyage à Paris, ainſi que je l'ai rapporté dans une lettre qui eſt imprimée à la tête
d'un

D'un Recueil de *Charges* de Leonard de Vinci.

Ventura SALIMBENI.

93 Vingt Deſſeins, dont deux ſujets de l'Apocalypſe & un Chriſt au tombeau.

94 Vingt, *idem*, dont S. Dominique faiſant ſurgir miraculeuſement une fontaine.

95 Vingt-deux, *idem*, dont le Chriſt mis ſur la Croix, & huit Eſtampes.

Marc de SIENNE, *Pierre* SORRI, *Alexandre* & *Chriſtophe* CASOLANI, *Raphaël* VANNI, *Ferrau* FENZONI, & autres Peintres Siennois.

96 Vingt-huit Deſſeins de ces differens Maîtres.

97 Vingt-ſix, *idem*, & quatre Eſtampes.

ECOLE ROMAINE.

Pierre VANUCCI de Perouſe, dit le PERUGIN.

98 QUARANTE & un Deſſeins, & une Eſtampe d'après un de ces Deſſeins qui repréſente un Chriſt mort.

Le PINTURICCHIO, MORTO da FELTRI, & autres anciens Maîtres.

99 Cinquante-deux Deſſeins de ces differens Maîtres.

Raphaël SANCIO d'Urbin.

100 Quinze Deſſeins de ſes premieres manieres, dont une Adoration des Rois.

101 Vingt, *idem*, aussi de ses premieres manieres, dont
la premiere pensée du tableau de M. le Duc
d'Orleans représentant un Christ au tombeau,
avec l'Estampe de ce tableau.

102 Dix, *idem*, dont un Dessein très-fini de S. Michel, le même dont le tableau est chez le Roi,
& l'Estampe de ce tableau.

103 Dix, *idem*, dont plusieurs Etudes pour le tableau
de l'Ecole d'Athenes, & une Estampe d'après
un de ces Desseins.

104 Six, *idem*, dont l'Etude pour la tapisserie du Martyre de saint Etienne, & la Vierge appellée *la
Jardiniere*; plus une Estampe d'après ce dernier
tableau.

105 Six, *idem*, dont l'Etude de la figure du Christ du
tableau des cinq Saints, celle d'une Vierge au
pied du Crucifix, & des Etudes de drapperies,
avec une Estampe gravée d'après ce dernier Dessein.

106 Six, *idem*, dont les Etudes de figures nuës, pour
le tableau de la Dispute du S. Sacrement, en
deux Desseins.

107 Sept, *idem*, dont un Dessein arrêté du Sacrifice
de Noé, peint dans les Loges du Vatican.

108 Six, *idem*, dont les Etudes pour le tableau de la
descente des Sarrasins au port d'Ostie, & deux
Estampes d'après ce beau morceau qui est dessiné au *verso* & au *recto*.

109 Six, *idem*, dont le Christ porté au tombeau : premiere idée du tableau peint pour Atalante Ba-
glioni, & l'Estampe de ce Dessein.

110 Huit, *idem*, dont un des Angles de la Loge de
Chigi, où Jupiter est représenté embrassant l'A-
mour, & de belles Etudes des têtes d'Apôtres

du sujet des Actes, représentant Jesus-Christ donnant les clefs à S. Pierre ; plus, deux petits pai-
sages faits d'après nature.

111 Quatre, *idem*, dont le Carton en grand d'une tê-
te de femme, pour un tableau représentant les
Amours d'Acis & de Galathée, qui a été gravé par
Silvestre de Ravenne, & qui peut être de Jules
Romain étant encore sous Raphaël : une Etude
de quelques figures nuës pour le tableau de la
Transfiguration, & la tête d'une des Graces de
la Loge de Chigi, dessinée en pastel par M. le
Brun.

112 Deux, *idem*, Têtes en grand, dont une d'A-
pôtre pour le tableau de la Transfiguration,
& celle d'une vieille femme.

113 Deux, *idem*, Cartons en grand ; l'un d'une Tête
de femme, & l'autre de Jupiter à Chigi.

114 Deux, *idem*, merveilleux Cartons des deux têtes
d'Anges du sujet de l'Heliodore, sur lesquels
Raphaël a peint son tableau.

115 Trois, *idem*, les Etudes pour les deux Muses qui
sont assises aux côtés d'Apollon dans le Parnas-
se, & celles pour trois figures d'Apôtres de la
Transfiguration.

116 Quatre, *idem*, dont l'Etude de la femme qui est
à genoux, & est vûë par le dos, dans le tableau
de l'Incendie *del Borgo*.

117 Trois, *idem*, dont Venus à qui Psyché apporte la
boëte de beauté, peint dans la Loge de Chigi ;
Dessein à la sanguine très-terminé.

118 Huit, *idem* ; differentes Etudes, dont une de la
figure du Soldat qui leve l'épée dans le Massacre
des Innocens, qui a été gravé par Marc-Antoine.

b ij

119 Trois, *idem*, sçavoir : l'Annonciation dans une forme ceintrée, Deſſein lavé & rehauſſé de blanc ; l'un des ſujets du Maſſacre des Innocens qui a été exécuté en tapiſſerie, & une Friſe repréſentant Joſeph, qui ſorti de priſon, eſt préſenté à Pharaon.

120 Trois, *idem*, sçavoir : la ſainte Vierge & S. Joſeph adorant l'enfant Jeſus nouveau né ; la pêche de S. Pierre differente du même ſujet qui a été exécuté en tapiſſerie, & la Madelaine chez Simon le Phariſien, la même qui a été gravée en clair-obſcur.

121 Deux, *idem*, sçavoir : Etudes de figures nuës pour le tableau de la diſpute du S. Sacrement (c'eſt la partie où eſt le S. Gregoire ;) enſemble l'Eſtampe de ce Deſſein, & l'Académie de l'homme qui eſt ſuſpendu par les bras à une muraille, dans le tableau de l'Incendie *del Borgo*.

122 Trois, *idem*, sçavoir : Etude de la figure de Venus qui parle à l'Amour, peint dans la Loge de Chigi, Chriſt porté au tombeau, & deux Académies deſſinées à la plume, avec les Eſtampes gravées d'après ces deux derniers deſſeins.

123 Deux, *idem*, Deſſeins ou premieres penſées du tableau de la diſpute du S. Sacrement ; l'un qui contient la partie inférieure, & l'autre les figures qui ſont dans le Ciel, & l'Eſtampe d'un de ces Deſſeins.

124 Deux, *idem*, sçavoir : Loth ſortant de Sodome ; & Eſaü demandant à Jacob ſa benediction ; ſujets des Loges du Vatican, très-terminés.

125 Deux, *idem*, sçavoir : les Amours d'Alexandre & de Roxane ; Deſſein très-arrété & du premier ordre, & la même compoſition, mais où les fi-

gures font fans aucune drapperie, Raphaël ayant
fait ce beau Deffein pour fervir d'Etude au premier ; avec les Eftampes qui ont été gravées d'a-
près ces Deffeins.

126 Un, *idem*, l'Hercule Gaulois : Deffein fini & de
la plus grande confervation, enfemble l'Eftampe qui en a été gravée. Il a été apporté de Flandres.

127 Deux, *idem*, fçavoir : l'Annonciation de la fainte
Vierge, & au revers fon Affomption, grand &
beau Deffein à la plume ; & le portrait de Raphaël accompagné de plufieurs figures allégoriques. Ce dernier Deffein eft de Carle Maratte,
il a été gravé, & l'Eftampe s'en trouve à la tête
des Loges du Vatican de l'édition de Rome.

128 Six, *idem*, fçavoir : la Calomnie d'Apelle & l'Eftampe qui en a été gravée ; deux grands Deffeins du Couronnement de Charlemagne diffe-
remment traitez de ce qui a été exécuté au Vatican ; l'un original, mais affez mal confervé, l'autre copie de Baptifta Franco, enfemble le trait
gravé de ce deffein ; la premiere penfée pour le
tableau de fainte Cecile, & l'Eftampe qui en a été
gravée par Mademoifelle Cheron, dans le temps
que ce Deffein appartenoit à M. de Piles, &
enfin deux Deffeins de Vierge.

129 Un Deffein en grand du fameux tableau de la
Transfiguration de Raphaël, où toutes les figures font fans drapperies & étudiées d'après le
nud. M. de Piles, & depuis M. de Montarfis
de qui vient ce Deffein qui eft à la plume, en
faifoient un grand cas.

130 Vingt-fix Deffeins d'après Raphaël.

131 Vingt-huit, *idem*.

b iij

132 Six grands Desseins d'après Raphaël, un de Pie-
tre Perugin repréſentant la mort de la ſainte
Vierge, & la Réſurrection du Lazare par le
Fattore.

Il ne s'eſt peut-être jamais fait une collection
plus ample des Deſſeins de Raphaël, que celle que
l'on voit ici. M. Crozat grand admirateur de ce
Peintre, à qui l'on a oſé décerner le nom de *Divin*,
s'étoit donné de grands ſoins pour en recueillir de
tous côtés ; mais le Cabinet qui lui en a fourni un
plus grand nombre, a été celui de Meſſieurs Viti
d'Urbin. **Ils** conſervoient précieuſement ceux que
Timothée, un de leurs ancêtres, qui avoit travaillé
avec ſuccès ſous Raphaël, avoit tranſporté avec lui
à Urbin lorſqu'il s'y étoit retiré. Ces Deſſeins de
Meſſieurs Viti, ſont preſque tous à la plume ; quoiqu'aſſez legerement faits, on y remarque une cer-
titude qui ne laiſſe rien à deſirer pour la fidelité
du trait, 'ni même pour celle de l'expreſſion. Quand
on n'auroit pas une idée de Raphaël auſſi avanta-
geuſe qu'on la doit avoir, il ne faudroit que ces
Deſſeins, pour montrer quelle étoit la ſublimité de
ſon génie : les autres jettent ſur le papier leurs premieres penſées, & l'on s'apperçoit qu'ils cherchent ;
Raphaël, au contraire, en mettant au jour les
ſiennes, lors même qu'il paroît entraîné par la vé-
hemence de ſon imagination, produit du premier
coup des ouvrages, qui ſont déja tellement arrê-
tez, qu'il n'y a preſque plus rien à y ajouter, pour
y mettre la derniere main.

133 Vingt-deux Eſtampes de Marc-Antoine & autres
d'après Raphaël, dont le Maſſacre des Innocens
au chicot, très-belle épreuve, le Parnaſſe, l'A-
dam & Eve, la ſainte Cecile, la Prédication de
ſaint Paul, &c.

Jules PIPPI, plus connu fous le nom de JULES
ROMAIN.

134 Sept Deffeins, dont Jofeph vendu par fes freres,
& l'Eftampe de Beatricius d'après ce Deffein.

135 Douze, *idem*, dont une Chaffé.

136 Douze, *idem*, dont deux Têtes tirées du livre de
Deffeins du Vafari.

137 Dix-neuf, *idem*, dont une Frife repréfentant un
Empereur haranguant fes foldats.

138 Trois, *idem*, dont le Carton en grand de la tête
d'un Berger, du tableau de la Nativité qui eft
chez le Roi.

139 Deux, *idem*, fçavoir : une Fontaine ornée de Statuës, & Jonas fortant du ventre de la Baleine.

140 Deux, *idem*, Nativité de N. S. & Berfabée dans
le bain.

141 Trois, *idem*, une Pefche & deux Bacchanales.

142 Trente-quatre, *idem*, Vafes & autres ornemens.

143 Vingt, *idem*, de Mafques, & quinze Eftampes
d'après ces Deffeins.

144 Neuf, *idem*, dont l'Adoration des Rois, grand &
beau Deffein.

145 Deux, *idem* ; Sujets pour des tapifferies de l'hiftoire de Pfyché, richement compofés.

146 Vingt & un, *idem*, dont la Marche d'un Sacrifice.

147 Vingt, *idem*, dont la Sybille montrant à Augufte
la Vierge mere.

148 Vingt, *idem*, dont plufieurs Etudes pour la Cham-
bre des Geants au Palais du Té.

149 Vingt, *idem*, dont trois Anges, en plafond.

150 Vingt, *idem*, dont le Combat d'Enée contre Tur̃-
nus.

151 Quatre grands Desseins de Jules Romain très-
beaux, d'après des bas-reliefs antiques.

152 Quatre autres grands Desseins du même; sçavoir
un Festin, la Marche d'un Triomphe, un sujet
d'un Bas-relief, & la Chasse du *Sanglier de Ca-
lydon*; ils sont très-terminés, & il y a apparence que c'est sur ces Desseins, qu'ont été exécutés les Cartons pour les Tapisseries.

153 Trois, *idem*, dont la mort d'Adonis ; les deux
autres sont des sujets de Bas-reliefs.

De tous les disciples de Raphaël, Jules Romain
est sans contredit celui qui a dessiné avec le plus de
goût. Il avoit l'esprit fort orné, & une imagination
vive & féconde qui s'éleve souvent jusqu'à l'enthou-
siasme. Sa main sûre & sçavante exécute dans la
plus exacte précision des idées, qui ne seroient pas
désavouées par les plus grands Poëtes. Les beaux
Desseins de ce Maître qui sont ici en grand nombre, forment la preuve de ce que je viens d'avancer.

Jean-François PENNI, dit le *Fattore* & *Luc* PENNI.

154 Dix-sept Desseins, dont Mars & Venus peu different de l'Estampe qui a été gravée par J. B.
Mantuan.

155 Dix, *idem*, dont le Massacre des Innocens.

156 Treize, *idem*, dont une Incendie de Ville ; ensemble dix Estampes d'après Luc Penni.

POLIDOR DE CARAVAGE.

157 Seize Desseins, dont l'intérieur d'une Chapelle
ornée de peintures, morceau Capital.
158 Quinze,

158 Quinze, *idem*, dont le Portement de Croix.

159 Dix-huit, *idem*, dont l'Incrédulité de saint Thomas.

160 Quinze, *idem*, dont la Transfiguration ; tableau fameux qui eſt à Meſſine.

161 Seize, *idem*, dont un Portement de Croix; Deſſein très-terminé, fait pour l'Eſtampe qui a été gravée par Beatricius, & qui accompagne le Deſſein.

162 Vingt-trois, *idem*, dont un Chriſt dans le Sépulcre.

163 Vingt, *idem*, dont l'alliance de Saturne & de Janus, beau Deſſein à la ſanguine qui vient de M. de Piles ; il l'avoit apporté de Portugal, avec une grande partie des Deſſeins de Polidor qui ſont dans cette Collection : leur beauté ſinguliere avoit fait croire qu'ils étoient de Raphaël.

164 Vingt, *idem*, dont la Prédication de S. Jean, avec une Eſtampe.

165 Trente-quatre, *idem*, ou d'après ce Maître.

166 Soixante-cinq Eſquiſſes, ou premieres penſées diverſes à la plume, recueillies en Sicile par le Peintre Auguſtin Scilla, de qui viennent auſſi pluſieurs des Deſſeins capitaux de Polidor qui ſont ici.

167 Onze grands Deſſeins de Polidor de Caravage, dont la Friſe de la Fable de Niobé en pluſieurs morceaux, & un grand païſage.

168 Six, *idem*, dont quatre ſujets de Friſes du même Polidor, & deux autres de Perin del Vague.

169 Vingt-cinq Deſſeins en griſaille, ou peints à huile en blanc & noir, d'après l'antique, attribués à Polidor de Caravage par Auguſtin Scilla Peintre Sicilien, à qui ils appartenoient.

M A T H U R I N.

170 Vingt & un Deſſeins, dont la Conquéte de la Toiſon d'or.

171 Dix-neuf, *idem*, dont le Sacrifice d'Elie, & l'Eſtampe qui a été gravée en clair-obſcur d'après ce Deſſein.

172 Dix-ſept, *idem*, dont une Friſe repréſentant les Romains, ſe rachetant du pillage des Gaulois.

Jerôme GENGA d'Urbin.

173 Dix-huit Deſſeins de Jerôme Genga, dont la Cene.

174 Dix-ſept, *idem*, dont un Groupe de l'Ecole d'Athenes.

Timothée VITI d'Urbin.

175 Onze Deſſeins de Timothée Viti d'Urbin, dont l'inhumation d'un S. Evêque.

176 Douze, *idem*, dont Dieu s'apparoiſſant à Abraham.

177 Onze, *idem*, dont Moïſe trouvé, & Apollon & Herſé, avec les Eſtampes de ces deux Deſſeins.

M. Crozat a trouvé la plus grande partie de ces Deſſeins de Timothée Viti, dans la famille même de ce Peintre, qui ſubſiſte encore à Urbin; ce qui joint au mérite connu de ce grand Maître, doit rendre ces Deſſeins infiniment précieux.

Jean DE UDINE.

178 Onze Deſſeins d'oiſeaux, la plûpart colorés, & une Eſtampe d'après ce Maître.

179 Dix, *idem*, Ornemens ou Groteſques.

PERIN DEL VAGUE.

180 Seize Deſſeins, dont Timoclée juſtifiée par Alexandre ; l'Eſtampe de ce Deſſein, & une autre Eſtampe.

181 Douze, *idem*, dont le triomphe de Bacchus, & la Bataille des Amazones, de laquelle on a une Eſtampe par Eneas Vicus.

182 Treize, *idem*, dont le Mariage de ſainte Catherine.

183 Vingt, *idem*, dont Pſyché dans le Palais enchanté que lui a fait préparer l'Amour.

184 Vingt, *idem*, dont la ſainte Vierge dans un Trône entre S. Pierre & S. Sebaſtien.

185 Vingt, *idem*, dont l'Adoration des Bergers.

186 Vingt, *idem*, dont le Couronnement de la ſainte Vierge.

187 Vingt, *idem*, Ornemens ou Groteſques, & des Etudes.

188 Vingt, *idem*.

189 Vingt, *idem*.

190 Seize, *idem*.

191 Dix-neuf, *idem*, Vaſes & ornemens pour l'orfêvrerie.

La maniere de Perin del Vague eſt un compoſé de celles de Raphaël, de Jules Romain & de Polidor. Ce Maître eſt leger & agréable dans ſes Deſſeins, mais il n'a pas la ſimplicité majeſtueuſe de ceux qu'il imite. C'eſt un défaut, qui a aidé à pervertir les Zuccaro, & tant d'autres Peintres Romains, qui s'abandonnant trop à leur génie, ont perdu de vûë la nature.

Raphaël DEL COLLE, le GAROFALO, SERMONETA,
& autres Eleves de Raphaël, MARC-ANTOI-
NE, *Silveſtre* de RAVENNE, & *Jules* BONASONE.

192   Quinze Deſſeins de ces differens Maîtres, dont
Jeſus-Chriſt apparoiſſant à ſes Diſciples dans le
Cenacle, & l'Eſtampe de ce Deſſein qui eſt de
Raphaël del Collé.

193   Vingt, *idem*, dont la deſcente de Croix par Raphaël del Colle, & une Eſtampe.

194   Vingt, *idem*, dont le tableau de Jules Romain à
l'*Anima* deſſiné par Raphaël del Colle ; & le
Deſſein d'une Eſtampe de Giſbert Venius, repréſentant Apollon & les Saiſons, qui a été gravée ſous le nom de Raphaël d'Urbin.

195   Vingt-quatre, *idem*, dont une Bacchanale & l'Eſtampe d'après ce Deſſein, gravée par Auguſtin
Venitien.

196   Dix Deſſeins de divers éleves de Raphaël, dont
une Bacchanale par Timothée Viti.

197   Huit grands Deſſeins de Maîtres de l'Ecole de
Raphaël, & parmi ces Deſſeins, un très-beau de
Balthazar de Sienne.

198   Six autres grands Deſſeins, dont le Martyre de S.
Etienne par Marcel Venuſti, éleve de Jules Romain, & l'Eſtampe qui en a été gravée par Corneille Cort.

199   Vingt-quatre Deſſeins de *Marc-Antoine, Bonaſone,
Silveſtre de Ravenne,* &c. & ſix Eſtampes, dont
le Maſſacre des Innocens de Marc-Antoine; belle épreuve.

Pirro LIGORIO, Peintre & Antiquaire à Rome.

200   Trente-deux Deſſeins de ce Maître.

Tadée & Frederic ZUCCARO.

201 Vingt Deſſeins, dont l'Adoration des Bergers, & l'Eſtampe de ce Deſſein.

202 Vingt, *idem*, dont la Guériſon de l'Aveugle né.

203 Vingt, *idem*, dont les dix mille Martyrs.

204 Vingt-cinq, *idem*, dont une Bataille, ſujet tiré du Taſſe.

205 Vingt-cinq, *idem*, enſemble deux Eſtampes.

206 Dix-huit, *idem*, dont des Captifs conduits en triomphe.

207 Dix-huit, *idem*, dont la Cérémonie pour la Canoniſation de ſaint Hiacinthe.

208 Vingt-deux, *idem*, dont l'Empereur Henri recevant l'abſolution de Gregoire VII.

209 Vingt, *idem*, dont le Pape Alexandre III. reçû à Veniſe par le Doge Sebaſtien Ziani.

210 Vingt, *idem*, dont la Réſurrection du Lazare, avec dix Eſtampes.

211 Vingt-cinq Deſſeins faits par Frederic Zuccaro durant le cours de ſes voyages, d'après les tableaux des plus grands Maîtres, qui avoient le plus piqué ſon goût.

212 Vingt-ſept Deſſeins, *idem*.

213 Vingt-cinq Deſſeins de Statuës, Animaux & Païſages, par le même.

214 Vingt-quatre, *idem*. Têtes & Portraits.

215 Vingt-ſix, *idem*.

Ces Deſſeins de Frederic Zuccaro ſont fort curieux, ils viennent de M. Jabach, & compoſoient ci-devant le livre de voyage du Zuccaro.

216 Huit grands Desseins de Tadée & de Frederic Zuccaro, dont le Paradis.

Le Pomerange, *Jacques* Ligozio, & *Cherubin* Albert.

217 Trente Desseins de ces Maîtres, dont le second étoit Peintre en miniature au service du Grand Duc. Il étoit dans l'usage de terminer beaucoup ses Desseins, & de les rehausser d'or, ainsi que le font ceux qu'on trouve ici.

218 Vingt-six, *idem*, dont un beau Dessein du Pomerange d'un miracle de S. Philippe Benizi ; ensemble deux Estampes du Ligozio.

Joseph Cesari, dit *Josepin*.

219 Trente-cinq Desseins d'Etudes & de Compositions, ensemble treize Estampes d'après ce Maître.

220 Cinquante, *idem*, & parmi, quelques-uns de *François Allegrini* de Gubbio son éleve.

221 Quarante-cinq, *idem*, des mêmes Maîtres.

222 Six grands Desseins de Josepin, du Cavalier Baglione, de Benedette, &c.

Frederic Baroche d'Urbin.

223 Trois Desseins, dont la premiere pensée très-arrêtée du tableau de l'Annonciation qui est à Lorette, & dont on a une si belle Estampe du Baroche.

224 Trois, *idem*, dont Jesus-Christ en Jardinier apparoissant à la Madelaine ; Dessein capital.

225 Trois, *idem*, dont un très-beau Dessein du Christ porté au tombeau, & l'Etude pour le tableau de sainte Micheline, qui est à Pesaro.

226 Trois, *idem*, dont la Defcente de Croix ; ce Deffein eft de toute beauté : le tableau en eft à Peroufe , & a été gravé par Villamene.

227 Cinq, *idem*, dont le Mariage de fainte Catherine.

228 Huit, *idem*, dont la Vierge à l'oifeau , qu'a gravé
Corneille Cort.

229 Huit, *idem*, dont la Verge de Moïfe changée
en ferpent.

230 Douze, *idem*, dont la fainte Vierge dans le Ciel,
partie du tableau de l'Eglife de faint François
à Urbin.

231 Quinze, *idem*, dont la Vifitation de fainte Elifabeth, grande & belle Compofition qui a appartenu à *Pietro* Lely.

232 Douze, *idem*, Têtes & Etudes.

233 Douze, *idem*, autres pareilles Etudes.

234 Douze, *idem*, encore autres Etudes.

235 Trois Têtes en paftel.

236 Trois autres belles Têtes en paftel.

237 Trois, *idem*, dont la Tête d'un Religieux qui re-
garde en bas.

238 Trois, *idem*, dont l'Etude pour la belle Tête de
fainte Micheline.

239 Trois, *idem*, dont la Tête d'une des Saintes femmes du tableau de la Defcente de Croix.

240 Quatre, *idem*, dont une Tête de Vieillard.

241 Douze autres Têtes & Etudes diverfes.

242 Douze, *idem*.

243 Douze, *idem*.

244 Douze, *idem*.

245 Quinze, *idem.*

246 Un grand Deſſein du Baroche, repréſentant Jeſus-Chriſt porté au tombeau : c'eſt ſur ce beau Deſſein qui eſt d'un fini & d'une conſervation parfaite, qu'a été gravée l'Eſtampe de Gilles Sadeler.

247 Deux grands & beaux Deſſeins du même Maître ; l'un repréſentant Jeſus-Chriſt deſcendu de deſſus la Croix, & l'autre S. François recevant les Stigmates : le premier eſt une très-belle Eſquiſſe pour le tableau ; & l'autre a ſervi à Villamene pour graver ſa planche.

248 Deux grands Deſſeins du Baroche faits à huile en blanc & noir ; l'un de l'Incendie de Troyes qui a été gravé par le Carache ; l'autre repréſentant la ſainte Vierge invoquée par S. Simon Stoch.

249 Sept grands Deſſeins du Baroche, dont quatre de Païſages.

250 Huit Eſtampes d'après le Baroche, & autres.

251 Trente & une autres Eſtampes du Baroche & du Vanni.

Cette collection de Deſſeins du Baroche, eſt extrémement précieuſe. M. Crozat en a apporté d'Urbin les principaux Deſſeins ; & quant aux Têtes en paſtel qui ſont d'une beauté ſinguliere, & telles qu'on les devoit attendre d'un Peintre qui marchoit de fort près ſur les traces du Correge, il les trouva à Veniſe chez M. Chechelsberg. Cet amateur qui en connoiſſoit le prix, les avoit toujours conſervé ſous des glaces. Au reſte, ces Deſſeins confirment ce qu'ont dit les Auteurs, des précautions ſingulieres que prenoit le Baroche pour conduire ſes ouvrages au point de la perfection ; car les Etudes pour un même tableau y ſont multipliées

multipliées de telle forte , qu'on n'imagine pas qu'un homme ait pû avoir la conftance de poufter auffi loin le travail.

Antoine VIVIANI, dit *il Sordo*, & autres éleves du Baroche.

252 Trente Deffeins de Compofitions & Etudes.

253 Trente, *idem.*

254 Trente, *idem.*

255 Quarante-cinq, *idem.*

Cefar POLLINO de Peroufe , difciple de Baroche.

256 Cinquante-fix Deffeins, premieres penfées pour divers fujets.

257 Cinquante-fix , *idem.*

    M. Crozat avoit acheté cette fuite de Deffeins à Peroufe d'un Peintre , qui les croyoit du Baroche.

Michel-Ange AMERIGI, dit de CARAVAGE, & *Dominique* FETI.

258 Douze Deffeins de Michel-Ange de Caravage, dont une affemblée de Joueurs, & une Eftampe.

259 Douze, *idem*, du nombre defquels font quatre Deffeins du Feti, & une Eftampe.

Le Chevalier BAGLIONE , *Vefpafien* STRADA, & *Jean* de VECCHI.

260 Dix-huit Deffeins de ces differens Maîtres.

261 Dix-huit, *idem.*

Pietre BERETTINI de Cortone, & *Ciro* FERRI.

262 Deux Deſſeins très-finis de *Pietre* de Cortone (ce qui eſt fort rare) repréſentant, l'un le frappement du rocher , & l'autre les Iſraëlites qui offrent à Moïſe de quoi conſtruire le tabernacle.

263 Deux , *idem*, du même Maître très-terminés , repréſentant ; l'un Tullia , faiſant paſſer ſon Char ſur le corps de ſon pere , & l'autre Coriolan fléchi par ſa famille.

264 Trois , *idem*, ſçavoir une premiere penſée toute ſpirituelle pour le grand plafond de la Salle Barberine , & deux autres Compoſitions d'ornemens pour d'autres Plafonds.

265 Vingt , *idem*, dont le triomphe de Bacchus.

266 Vingt , *idem*, dont la ſainte Vierge à qui ſainte Roſe préſente un livre ; Deſſein très-fini , d'après lequel Edelinck a gravé ſon Eſtampe.

267 Vingt , *idem*, parmi leſquels ſont deux grands Deſſeins de païſages.

268 Vingt-quatre , *idem*, dans le nombre deſquels ſont quelques Deſſeins de ſes diſciples.

269 Quarante-huit Deſſeins de Ciro Ferri , le principal diſciple de Pietre de Cortone.

270 Quatorze grands Deſſeins de Païſages, dont un de *Pietre* de Cortone ; un autre de *Jean Franceſque Bologneſe* ; un troiſiéme de Paul Bril , & une vûë de la Place Navonne , deſſinée par Dom Philippe Juvara.

Rien n'eſt ſi rare en Italie , que les Deſſeins de *Pietre* de Cortone : on ne rencontre le plus ſouvent que des croquis de ce Peintre. Ses Deſſeins finis & arrêtés n'ont point de prix ; ſurtout quand ce ſont de grandes Compoſitions , telles

qu'on en voit plusieurs dans la collection de M.
Crozat. *Pietre* de Cortone n'est pas fort résolu
dans ses Desseins, il y paroît même un peu lourd ;
mais la richesse & la nouveauté de ses ordonnances , font disparoître ces legers défauts.

Pietre TESTA.

271　Dix-huit Desseins , dont le Martyre de S. Ange
　　　Carme , & des Estampes d'après deux desdits
　　　Desseins.

272　Seize , *idem* , dont la Mort de Camma , & une
　　　Estampe.

273　Dix-huit , *idem* , & deux Estampes.

274　Seize , *idem* , dont la Justice , sujet que *Pietre*
　　　Teste a peint dans le Palais de Lucques , & une
　　　Estampe.

275　Quatre grands Desseins , dont deux de *Pietre*
　　　Teste , un du Zuccaro , & un d'Adrien de Vert ,
　　　imitateur de la maniere du Parmesan.

　　　L'on reconnoît dans les Desseins de *Pietre*
Teste , un génie fécond & poëtique , & à qui l'exécution coûte peu. Quoique manierée , la plume de
cet Artiste plaît infiniment par sa legereté ; plus
d'effet rendroit ses Desséins extrêmement piquans.
Ceux où il se trouve des enfans , sont ceux qui
font plus d'honneur à leur Auteur ; car il dessi-
noit les enfans très-bien dans la maniere de François Flamand & du Poussin.

Pierre-François MOLA.

276　Vingt & un Desseins , Compositions , Etudes &
　　　Païsages.

277　Vingt & un , *idem* , du nombre desquels est la pre-

premiere penſée pour un Plafond que le Mole devoit peindre à Valmoncone, pour le Prince Pamphile.

278 Vingt, *idem*, dont Scevola en préſence de Porſenna, & des *Caricatures*, dans lequel genre ce Peintre a excellé.

279 Vingt, *idem*, dont le Frappement du rocher.

André SACCHI, & *Jean-François* ROMANELLE.

280 Seize Deſſeins de ces deux Maîtres, Compoſitions & Académies.

281 Douze, *idem*, dont l'Education de Jupiter d'André Sacchi, qui a été gravée par Charle Audran.

282 Treize, *idem*, dont un Sacrifice fait à un Satyre.

283 Trente-deux Eſtampes de *Pietre* de Cortone, le Mole, André Sacchi, le Romanelle, &c. raſſemblées en un paquet.

La maniere de deſſiner d'André Sacchi eſt très *vague* ; & quoiqu'elle ne ſoit pas ſçavante, elle lui a réuſſi, principalement dans ſes Académies qui ſont fort vantées dans Rome ; mais cette maniere a perdu un grand nombre de Péintres de cette école. Ils ont voulu l'imiter, & ils ont fait des Deſſeins ſi peu prononcés, que ce n'eſt, pour ainſi dire, qu'une fumée.

André CAMASSE', *François* COZZA, & *Jean-Ange* CANINI, diſciples du Dominiquain.

284 Dix-ſept Deſſeins de Compoſitions & Académies, & une Eſtampe gravée par le Camaſſé.

285 Dix-huit, *idem*.

Le Pere *Jacques* COURTOIS, Jesuite, dit le BOURGUIGNON.

286 Vingt-cinq Desseins de Batailles à la plume.

287 Vingt-huit, *idem*.

288 Vingt-quatre, *idem*, & cinq Estampes gravées par ce Maître.

289 Dix-huit petits Desseins de Batailles, & autres sujets Militaires.

290 Dix-huit, *idem*.

291 Dix-huit, *idem*.

292 Dix-huit, *idem*.

Les soixante & douze petits Desseins ci-des-sus formoient un Livret, dans lequel le Bourgui-gnon disposoit les premieres pensées de ses ta-bleaux, avec un esprit & une intelligence, dont il n'y a guéres que lui qui fût capable ; le Bellori l'achetta des Peres Jesuites du College Romain, après la mort de l'Auteur, soixante & dix écus Romains.

Guillaume COURTOIS, frere du Bourguignon.

293 Douze Desseins d'Etudes & Compositions.

Augustin TASSI & *Michel-Ange* CERQUOZZI, dit des Batailles.

294 Vingt-neuf Desseins de Païsages & Marines.

Le premier de ces deux Peintres, est disciple de Paul Bril. Il a fait des Desseins de Païsages qui ne seroient pas désavoués par son Maître, & il n'a pas moins bien réussi dans les sujets de Ma-rine.

Crescenzio ONOFRII, éleve du Gaspre.

295 Vingt-quatre Desseins de Païsages.

296 Vingt-quatre, *idem*, autres Païsages.

Jean-Laurent BERNIN, & *Jean-Baptiste* GAULI,
dit *le Bachiche.*

297 Seize Desseins du Bernin, dont son portrait dessiné par lui-même.

298 Douze, *idem*, dont un S. Jerôme.

299 Quinze, *idem*, dont un Portrait de femme aux
trois crayons, ensemble neuf Estampes d'après
ce célebre Sculpteur.

300 Dix-sept Desseins du Bachiche, Etudes & Compositions, & parmi deux très-beaux Desseins
pour une Coupole.

Les Desseins du Bernin & ceux du Bachiche,
(car les uns & les autres sont faits dans les mêmes principes) contiennent des pensées aussi neuves qu'elles sont sublimes. On ne peut y desirer
qu'un détail plus exact dans l'exécution.

Le Chevalier *Carle* MARATTE.

301 Deux Desseins capitaux; sçavoir celui pour le tableau de l'Eglise de S. Augustin à Sienne, & le
miracle d'un homme qui ressuscite par l'attou-
chement des vêtemens d'un Saint.

302 Trois, *idem*. Mort de S. Joseph. Saint Alphonse
Mogroveio Archevêque de Lima administrant
la Confirmation, & un Vœu pour la cessation
de la Peste en Sicile, Composition tout-à-fait
poëtique.

303 Dix, *idem*, dont le Portrait de ce Peintre par lui-même.

304 Dix, *idem*, dont la premiere pensée pour le tableau de l'Eglise de N. D. de *Monte-Santo* à Rome.

305 Dix, *idem*, dont un beau sujet de Plafond, où Venus reçoit les présens de Neptune & de Cybelle.

306 Quatorze, *idem*, dont la premiere pensée du tableau de la Chapelle Cibo, à la Madonne du peuple à Rome.

307 Quatorze, *idem*, dont un représente *Carle* Maratte, qui méprisant les attaques de l'Envie, & n'écoutant que les avis de la Peinture, rétablit les Ouvrages de Raphaël au Vatican.

308 Seize, *idem*, dont le Martyre de S. Barthelemy.

309 Vingt, *idem*, dont la Vertu représentée avec ses attributs dans la forme d'un pendentif.

310 Vingt-trois, *idem*, dont Junon chez Eole.

311 Vingt, *idem*, dont Apollon & Daphné, ensemble dix Estampes gravées par *Carle* Maratte.

312 Cinq grands Desseins de *Carle* Maratte très-terminés ; & entr'autres, celui que ce Peintre a fait pour être mis à la tête de la Galerie Farnese, qui a été gravé par *Pierre* Aquila. L'on y voit Annibal Carrache, qui releve la Peinture & la conduit au temple de Memoire.

313 Quinze grandes Académies d'André Sacchi, *Carle* Maratte & le Canini.

La maniere d'Annibal Carrache & celle du Dominiquain, ont toujours été l'objet de l'attention de *Carle* Maratte, & l'on apperçoit dans ses Desseins combien cette Etude lui a été avantageufe. Les ouvrages de ces deux grands Maîtres, lui ont enfeigné l'art de bien compofer, & lui ont fait connoître que pour devenir un excellent Peintre, il falloit beaucoup deffiner. *Carle* Marat-te a exécuté fidélement ces leçons ; c'eft un des Peintres qui a le plus deffiné. On en peut juger par le grand nombre de fes beaux Deffeins que M. Crozat a raffemblés. Il en a eu plufieurs de la fille même de ce Peintre.

Peintres & Sculpteurs de l'Ecole Romaine, morts depuis peu d'années, ou qui vivent encore.

314 Vingt-fix Deffeins de Lazaro Baldi, Jacinthe de Brande, Louis Geminiani, Philippe Laure, le Cavalier Daniél Saiter, Bonaventura Lamberti, Jean-Baptifte Lenardi, Auguftin Scilla, Jofeph & Jean-Baptifte Paffari, Jofeph Ghezzi, Pierre de Petris, Naldini, Pietro Aquila, J. Antoine Barigioni, Lanzani, Philippe Luti, & Camille Rufconi.

315 Vingt-cinq Deffeins des mêmes Maîtres.

316 Vingt-quatre Deffeins de la plûpart des mêmes Maîtres, & quelques-uns de Louis Garzi & du Trevifan.

317 Vingt-quatre Deffeins de quelques-uns des Maîtres nommés précedemment, & de Paul Schor, Fabricio Chiari, Ricciolini, Jean Odazi, le Morandi, Cametti, And. Antoine Oratii, Benedetto Lutti, & M. le Gros.

318 Vingt-quatre, *idem*, parmi lefquels il y en a quelques-uns de André Procaccini, Felice Ottini, le Pere del Pozzo, le Calandrucci, Biaggio Puccini, le Cavalier Nafini & autres.

319 Trente

319 Trente Deſſeins du Paſſari, du Cavalier Daniel,
Melchior Caffa, Buoncori, du Pere del Pozzo,
Ottini, Odazi, Morandi, Benedette Lutti,
Maſucci, Cavalier Naſini, Creccolini, Cava-
lier Ghezzi, Sebaſtien Conca, M. le Gros, &c.

320 Trente-deux Deſſeins des mêmes Maîtres.

321 Vingt - neuf Deſſeins de la plûpart des Maîtres
ſuſdits, & quelques-uns du Berettoni, Pio, &
autres.

322 Trente, *idem*.

323 Vingt-huit, *idem*.

324 Dix-huit Deſſeins de differens Peintres de l'Ecole Romaine, dont l'Aſſomption de la Vierge
par Pierre de Petris.

325 Dix-huit, *idem*, dont un Chaſſeur du Ghezzi.

326 Trente, *idem*.

327 Trente, *idem*, parmi leſquels il s'en trouve un
très-fini de Jean-Paul Panini.

328 Vingt - ſix Deſſeins de Païſages de Gaſpar Van
Vytel, André Lucatelli, Aleſſio de' Marchis,
& Dom Philippe Giuvara.

La plus grande partie de ces Deſſeins des Peintres & Sculpteurs de l'Ecole Romaine, a été raſ-
ſemblée par un curieux de Rome nommé Pio. Il
avoit entrepris de former un Recueil de Deſſeins
de tous les Maîtres, dont il pourroit découvrir
des ouvrages; & dans cette vûë, il fit travailler
tous les Artiſtes qui vivoient de ſon tems à Rome. L'on peut croire que l'émulation les excita à
faire de leur mieux.

329 Seize Portraits de Peintres, la plûpart de l'Ecole Romaine, faits dans l'Ecole de *Carle* Maratte, & quelques-uns par les Peintres mêmes;

pour ledit fieur Pio , qui dans fon Recueil les avoit rangés à la tête des Deffeins qu'il avoit re-cueillis de chaque Maître.

330 Seize, *idem.*

331 Seize, *idem.*

332 Seize, *idem.*

333 Seize, *idem.*

ECOLES DE LOMBARDIE.

ECOLE DE PARME.

Antoine ALLEGRI , ou LIETO, furnommé le CORREGE.

334 La Nature environnée des Graces , préfidant à la naiffance du Correge. Ce fujet allégorique eft peint fur un carton par M. de la Foffe, ce cé-lebre Peintre l'ayant fait dans la vûë d'hono-rer la memoire du Correge, dont il fçavoit pri-fer mieux que perfonne , les talens furnaturels. ¶

335 Deux grandes Têtes ou Cartons en paftel , pour la Coupole du Dome de Parme.

336 Quatorze Deffeins, dont la premiere penfée pour le tableau de la fainte Vierge, où eft S. Sebaf-tien & S. Roch, lequel eft à Modene.

337 Dix, *idem*, differentes Etudes , la plûpart d'en-fans.

338 Douze , *idem*, differentes autres Etudes.

339 Douze, *idem*, dont les premieres penfées pour les tableaux de la Defcente de Croix, & de l'*Ecce Homo.*

340. Douze, *idem*, dont Dieu le Pere porté par les Anges. Deſſein que le ſieur Magnavacca de Boulogne regardoit comme le premier de ſon Cabinet.

341 Douze, *idem*, dont la premiere penſée d'un des pendentifs du Dome de Parme, où eſt le ſaint Jean-Baptiſte; Deſſein d'une grande conſidération.

342 Douze, *idem*, dont deux Etudes de Têtes; l'une d'un jeune homme, l'autre d'un enfant endormi.

343 Douze, *idem*, dont une Vierge, la premiere penſée pour l'ordonnance générale de la Coupole de Parme, & cinq Deſſeins que le Vaſari attribuoit au Correge; mais qui n'en étant pas, & étant même dans une maniere très-differente, font juger que cet Auteur connoiſſoit très-mal le Correge; & par conſéquent, l'on ne doit pas être ſurpris s'il en a jugé ſi peu pertinemment.

344 Quatorze, *idem*, differentes Etudes.

345 Dix-huit Deſſeins de Frederic Zuccaro faits d'après les plus célebres tableaux du Correge; preuve de la ſinguliere eſtime qu'il faiſoit de ce grand Peintre.

346 Dix-huit autres Deſſeins d'après les plus beaux tableaux du Correge; & entr'autres, ceux du S. George de Modene, du S. Jerôme de Parme, & de la Venus endormie de chez le Roi, deſſinés par Rubens; plus, deux Eſtampes d'après le Correge.

347 Six grands Deſſeins de differens Peintres Lombards, & dans ce nombre, quelques-uns que l'on donne au Correge.

L'extrême rareté des Deſſeins du Correge, oppofée au grand nombre de Deffeins de ce Maitre qui fe trouvent dans cette Collection, pourroit faire douter de leur autenticité. L'on ne craint point cependant d'affurer qu'à quelques-uns près, ils font tous originaux. Ce ne font à la verité, pour la plûpart, que des Etudes. Il y en a peu de Compofitions entieres, & ces Compofitions ne font encore que de legers croquis. Mais où trouve-t'on des Deffeins du Correge qui foient arrêtés ? Il n'en a peut-être jamais fait de ce genre. Content d'avoir fes idées arrangées avec netteté dans la téte, il peignoit fans trop s'épuifer à deffiner, & voilà fans doute la caufe de ce qu'il y a tant de verve dans fes productions. Les recherches que M. Crozat a faites toute fa vie pour honorer le Correge qui étoit fon héros, font connuës de tous les curieux. Le fruict le plus réel de ces foins, a certainement été cet affemblage de Deffeins, qui dans fon genre eft une chofe unique, & qui ne s'eft pû faire qu'avec des dépenfes infinies.

François Mazzuoli, dit le Parmefan.

348 Un Deffein capital, l'Annonciation de la fainte Vierge.

349 Un, *idem*, l'Adoration des Rois, la même qui a été gravée en clair-obfcur ; Deffein très-capital, qui a appartenu à M. Stella.

350 Onze, *idem*, dont Venus qui careffe l'Amour.

351 Quatorze, *idem*, dont le Triomphe de l'Amour.

352 Dix-huit, *idem*, dont la Vierge au long col, & différentes Etudes.

353 Quinze, *idem*, dont différentes Têtes.

354 Seize, *idem*, dont une Vierge lavant l'enfant Jefus.

355 Seize, *idem*, dont des Etudes de Têtes.

356 Quinze, *idem*, dont Jupiter tonant, & des Etudes de Chevres.

357 Seize, *idem*, dont des Etudes d'enfans pour être vûs en plafond.

358 Quinze, *idem*, dont le Diogene.

359 Vingt, *idem*, dont l'Amour endormi.

360 Quatorze, *idem*, dont la mort de Leandre.

361 Dix-huit, *idem*, dont Didon.

362 Seize, *idem*, dont l'Annonciation de la sainte Vierge dans une forme de lunette.

363 Quinze, *idem*, dont cinq feuilles d'Etudes pour la Vierge au long col.

364 Quinze, *idem*, dont l'Adoration des Bergers.

365 Douze, *idem*, dont un Christ mort, & une femme tenant un drapeau.

366 Quatorze, *idem*, dont diverses Etudes pour la Vierge au long col.

367 Quinze, *idem*, dont le Christ portant sa Croix.

568 Vingt, *idem*, differentes Etudes & sujets.

369 Vingt-quatre, *idem*.

370 Vingt-quatre, *idem*.

371 Trente, *idem*.

372 Vingt & un Desseins des éleves du Parmesan, & dix Estampes d'après ce Maître.

373 Six grands Desseins ; sçavoir trois de Jerôme Mazzuoli, un du Gambara, un de *Battista* Franco, & un autre du Cerani, Peintre Milanois.

Toutes les fois que M. Crozat faisoit voir sa collection de Desseins du Parmesan, ceux à qui il la montroit restoient surpris, & du grand nombre de Desseins qui la composent, & encore plus de leur beau choix. C'est sans contredit une des parties du Cabinet de ce grand Curieux, qui est la plus épurée ; & ce n'est pas celle qui doit piquer le moins le goût des vrais amateurs. Le Parmesan est tout rempli de graces. Il a allié celles du Correge à celles de Raphaël : il y a dans le maniment de sa plume un esprit & une touche legere, & dans les tours de ses figures une fléxibilité qui font valoir ses desseins, lors-même qu'ils péchent par la justesse des proportions, car le Parmesan n'est pas toujours correct. Il n'a presque jamais dessiné qu'en petit ; mais c'est-là qu'il est le plus admirable. Le célebre Cabinet de M. Jabach & celui du Cardinal de Sancta Croce, ont fournis à M. Crozat la plus considérable partie des Desseins du Parmesan qui sont ici.

Lelio ORSI, de Novellare.

374　Quatre Desseins de ce Maître, disciple du Correge, dont un très-terminé à la plume représente le lever du Soleil.

375　Vingt, *idem.*

376　Vingt, *idem*, dont Apollon dans son char précedé de l'Aurore.

377　Vingt, *idem*, dont une Danse de païsans à la plume, ensemble deux Estampes d'après ce Maître.

Les Desseins de ce Peintre sont fort recherchés. Il a une assez belle plume, & joint au goût terrible de Michel-Ange, les graces aimables du Correge sous qui il a étudié. Il faut cependant avouer qu'il y a peu de naturel dans sa maniere de composer.

Jerôme DE CARPI.

378 Trente-quatre Desseins de Frises, presque toutes d'après des bas-reliefs antiques.

379 Trente-deux, *idem*, qui sont pareillement la plûpart d'après l'antique.

380 Trente-quatre, *idem*.

381 Quarante, *idem*.

382 Quarante-huit, *idem*, Desseins d'Ornemens ou Grotesques d'après Raphaël.

383 Quarante-huit, *idem*, d'après des Statuës & autres Monumens antiques.

384 Quarante-huit, *idem*, & dans ce nombre, huit Statuës antiques qui ont été dessinées à Rome par le Primatice, lorsqu'il y fut envoyé par François premier.

385 Vingt-cinq, *idem*, d'après divers Monumens antiques, ou d'après les Peintures de Raphaël, de Polidor, & d'autres grands Maîtres.

386 Vingt-cinq, *idem*, suite des précedens Desseins.

387 Quarante-quatre, *idem*, autres Desseins du même Maître.

Ces Desseins de Jerôme de Carpi sont faits à la plume avec tout le goût & l'esprit possible, dans un style qui tient beaucoup de celui de *Battista Franco*, mais qui est plus sçavant, & moins manieré. Carpi avoit dessiné à Parme les ouvrages du Correge & du Parmesan, & à Rome ceux de Raphaël & de Polidor, & les Monumens antiques. C'étoit sur ces grands modéles, qu'il s'étoit formé. *Carlo* de gli Occhiali de qui M. Crozat a eu une bonne partie des Desseins qui sont ici, étoit persuadé avec tous les curieux de Rome, que c'étoient les propres Etudes de Raphaël d'après l'antique, en quoi il se trompoit ; mais c'est toujours un préjugé bien fort en faveur de ces Desseins. Les autres Desseins du même Maître qui composent cette Collection, viennent du Comte Malvasia qui en a fait mention dans la vie du Bricci, ou de M. Van Schelling d'Amsterdam.

Michel-Ange ANSELMI, dit *il Sanese*, *Barthelemi* SCHIEDON, & *Sixte* BADALOCCHIO.

388 Vingt Desseins ; sçavoir trois de Michel-Ange Anselmi, dont une Adoration des Bergers, douze du Schiedon, dont une très-belle *macchette* ou premiere pensée du tableau de l'Oeuvre de l'aumône qui étoit dans la Galerie de Parme, & cinq Desseins de Sixte Badalocchio, ensemble deux Estampes de Vierges gravées par ce dernier.

Le *Sanese* a peint avec grand succès dans l'Eglise *della Steccata* à Parme ; l'on reconnoît dans ses Ouvrages un éleve du Correge, comme on apperçoit dans ceux du Schiedon un fidel imitateur de cette grande maniere. Les Desseins de ce dernier sont fort rares.

Le Chevalier *Jean* LANFRANC, de Parme.

389 Quatre Desseins capitaux, dont l'Annonciation & l'Assomption de la sainte Vierge, & le troisiéme représente les Fêtes Lupercales. Ce dernier Dessein qui est très-terminé, vient de la Collection de M. Van Schelling d'Amsterdam.

390 Dix, *idem*, dont quelques legeres Esquisses pour les tableaux des Martyrs des Apôtres, que le Lanfranc a peint dans l'Eglise des saints Apôtres à Naples.

391 Seize,

391 Seize, *idem*, dont un des fujets de la vie de faint Bruno qui a été gravée par Theodore Cruger.

392 Seize, *idem*, dont une magnifique Compofition pour un plafond enrichi de figures de ftuc.

393 Seize, *idem*, dont une tête d'Apôtre en grand, dans le ftyle du Correge.

394 Quarante, *idem*, dont la premiere penfée du tableau de la Barque de S. Pierre, qui eft dans l'Eglife de S. Pierre du Vatican, quelques Caricatures, & les ornemens & figures feintes de Stuc dans le plafond de la Loge de la Vigne Borghefe. Ces derniers Deffeins d'ornemens peuvent avoir été faits par *Pierre* Aquila, pour fes graveures.

395 Quatre grands Deffeins, dont un du Lanfranc que ce Peintre a fait avec un grand foin pour la Loge de la benediction de S. Pierre du Vatican. Ce deffein eft rehauffé d'or.

Le Lanfranc avoit un génie propre aux grandes machines, & qui ne pouvoit fe captiver à faire des Deffeins finis & arrêtés. Il exécutoit en grand des penfées fublimes, prefque dans le même moment qu'il les avoit conçuës; en cela femblable au Correge, dont il étoit le fectateur. On trouve cependant ici plufieurs de fes Deffeins qui font terminés, & qui par cet endroit n'en font que plus finguliers.

ECOLE DE BOULOGNE.

François FRANCIA , *Biaggio* PUPPINI , *Amico* ASPERTINI , *Innocenzo* DA IMOLA , BAGNACA-VALLO , *Prospero* FONTANA , *Horace* SAMMA-CHINI , *Laurent* SABBATINI & *Barthelemy* CESI , tous Boulonois.

396 Vingt-deux Desseins de ces divers Maîtres , & une Estampe.

397 Vingt , *idem.*

398 Vingt , *idem* , & six Estampes , dont trois sont gravées par Aug. Carrache.

François PRIMATICE , appellé en France, Boulo-gne , ou l'Abbé de S. Martin.

399 Onze Desseins très-arrêtés ; sujets de l'histoire d'Ulysse qui étoient peints à Fontainebleau, dans la Galerie nommée du nom de ce héros, & qui deviennent plus précieux depuis la destruction de cette Galerie.

400 Douze , *idem*, suite des mêmes Sujets.

401 Dix , *idem* , Compositions qui étoient peintes dans le plafond de la susdite Galerie.

402 Douze , *idem* : autres Compositions pour le même Château de Fontainebleau.

403 Quatorze , *idem*, suite des mêmes Sujets.

404 Quatorze , *idem.*

405 Dix , *idem*

406 Dix-huit , *idem.*

407 Seize , *idem.*

408 Dix-huit , *idem.*

409 Trois grands Desseins , dont deux très-arrêtés représentent la mort des enfans de Niobé.

410 Huit grands Desseins de Peintres Boulonois , dont un représentent la Chûte de S. Paul, est du Primatice.

Il seroit difficile de rencontrer une plus ample & plus belle Collection de Desseins du Primatice , que celle qui a été rassemblée par M. Crozat. Elle comprend presque tous les Desseins des ouvrages qui ont été exécutés sous la conduite de cet habile Peintre, à Fontainebleau , dans la Chapelle de l'Hôtel de Guise à Paris , & en une infinité d'autres endroits. Ces Desseins sont faits avec grand soin & si arrêtés , qu'il n'en falloit pas davantage aux éleves du Primatice , à la tête desquels étoit l'illustre *Messer Nicolò* , pour les exécuter en peinture. Le temps ayant presqu'entiérement détruit tous ces Ouvrages , les Desseins en sont devenus plus précieux ; outre qu'ils sont en eux-mêmes tout-à-fait agréables. Le Primatice compose très-bien , l'on retrouve dans sa maniere , un disciple de Jules Romain , qui ayant travaillé sous le Correge , sçait moderer par un caractere gracieux les saillies impetueuses de Jules.

Nicolas dell' ABBATE , éleve du Primatice.

411 Vingt Desseins de differentes Compositions & Etudes.

412 Trente-six Desseins de Mascarades pour des Balets , & de figures pour un Tournoy ; ils sont coloriés.

f ij

Pellegrino TIBALDI.

413 Trois Deſſeins, dont l'un eſt une Etude pour un enlevement d'Europe ; & un autre repréſente une femme accompagnée d'un enfant.

414 Vingt-ſix Deſſeins du même , dont la fable des Amours de Jupiter & d'Io , & le tableau fameux de la Préſentation au Temple de l'Egliſe de S. Jacques à Boulogne , enſemble quelques Deſ-feins de François Bezzi , dit *il Noſadella* , diſci-ple du Tibaldi.

415 Vingt-ſix , *idem* , dont Ulyſſe chez Circé , & quel-ques Deſſeins de Jerôme Miruoli , autre diſciple du Tibaldi.

Le Tibaldi après avoir étudié à Boulogne , vint à Rome , & fut tellement épris de la manie-re de Michel-Ange , qu'il devint lui-même un au-tre Michel-Ange. Les Carraches ne lui donnoient point d'autre nom ; & en effet , ſa maniere eſt ter-rible & d'un grand goût. Comme il a travaillé une bonne partie de ſa vie en Eſpagne , ſes Deſſeins ſont devenus fort rares. Il y en a de très-beaux , dans ceux qui ont été raſſemblés par M. Crozat.

Barthelemy PASSAROTTI.

416 Vingt Deſſeins de ce Maître.

417 Vingt-neuf , *idem* , & dans le nombre quelques-uns de Tiburtio Paſſarotti , & Ruggieri de Bou-logne , enſemble douze Eſtampes du Paſſarotti.

418 Six grands Deſſeins , dont la Préſentation au Temple du Paſſarotti.

Ce Peintre manioit très-bien la plume , & l'on eſtime ſes Deſſeins , principalement les Têtes qu'il a exécuté en grand dans cette maniere.

Denis CALVART, Peintre Flamand, établi
à Boulogne.

419 Vingt-deux Deſſeins, dont un Portement de
Croix, coloré.

420 Vingt-trois, *idem* : differentes Compoſitions.
Denis Calvart a la gloire d'avoir enſeigné le
premier les élemens de la Peinture au Guide.

Louis CARRACHE.

421 Quatre Deſſeins, dont une grande Compoſition
repréſentant la Gloire du Paradis, qui vient du
Cabinet du ſieur Paſinelli de Boulogne, & qui
eſt un morceau Capital.

422 Sept, *idem*, dont ſaint Pierre pleurant ſon peché.

423 Huit, *idem*, dont la Viſitation de ſainte Eliza-
beth.

424 Huit, *idem*, dont deux premieres penſées pour
le tableau du Paralytique guéri.

425 Huit, *idem*, dont la Naiſſance de la ſainte Vierge, & un S. Jerôme.

426 Dix, *idem*, dont le Mariage de Sainte Catherine.

427 Dix, *idem*, dont la ſainte Vierge accompagnée
de S. François, ſainte Claire & un S. Diacre.

428 Dix, *idem*, dont Attila qui vient viſiter S. Benoît : premiere penſée pour le tableau du Cloître de S. Michel *in Boſco*.

429 Dix, *idem*, dont la Sybille annonçant à Auguſte
la Vierge mere.

430 Douze, *idem*, dont le Martyre de ſainte Urſule.

431 Douze, *idem*, dont une autre Compoſition differente du Martyre de ſainte Urſule.

432 Dix , *idem* , dont la sainte Vierge accompagnée de plusieurs Saints.

433 Dix , *idem* , dont l'Assomption de la sainte Vierge, le tableau en est dans l'Eglise du *Corpus Domini* , à Boulogne.

434 Dix , *idem* , dont la sainte Vierge consolant sainte Catherine dans la prison.

435 Dix , *idem* , dont S. Etienne porté à la sépulture par les disciples.

436 Douze , *idem* , dont la Pêche miraculeuse de saint Pierre.

437 Quinze , *idem* , dont un Cœur d'Anges.

438 Quatre grands Desseins , dont l'Adoration des Rois , la Chûte de S. Paul , & la Nativité de N. S. tableau peint par Louis Carrache , dans l'Eglise de S. Barthelemy *in Reno* , à Boulogne. Ces beaux Desseins viennent de la Collection du Pasinelli , où ils tenoient le premier rang.

439 Six autres grands Desseins de Louis Carache , dont la Conception de la sainte Vierge , & sa Nativité ; Desseins capitaux qui ont encore appartenu au Pasinelli.

440 Six autres grands Desseins , dont le Couronnement de la sainte Vierge dans le Ciel par Louis Carrache , & les autres sont de differens Peintres de cette Ecole.

Si la maniere de Louis Carrache n'a pas la fierté de celle d'Annibal , l'aimable simplicité qui y regne , & les graces naïves dont elle est ornée, ne la rendent pas moins admirable. Ses Compositions sont même d'un style plus neuf & plus sublime , que celles de son cousin , & ce style approche davantage de celui du Correge. Il ne manque à ce grand Peintre que d'être plus connu. Comme il n'a travaillé presque toute sa vie, que dans des lieux publics à Boulogne, sa gloire est, pour ainsi dire, renfermée dans l'interieur de cette Ville ; & c'est cela même qui donne un grand prix à ses Desseins, puisque ce n'est guére que par leur moyen qu'on peut avoir une idée du mérite de ce grand homme. Ceux qui sont ici, ont été pour la plus grande partie rassemblés à Boulogne même par le Malvasia, le Pasinelli & le sieur Boschi ; ainsi l'on ne doit rien craindre sur leur autenticité.

Annibal CARRACHE.

441 Quatre Desseins, dont Silene yvre entre un Faune & un Satyre qui lui versent du vin. Ce sujet est renfermé dans une Guirlande de pampres de vigne, & c'est le même qui a été gravé par Annibal dans le fond d'une soucoupe d'argent, pour le Cardinal Farnese.

442 Six, *idem*, dont le Jugement de la femme adultere ; Dessein capital pour le tableau qui est chez Messieurs Zampieri, à Boulogne.

443 Six, *idem*, dont Venus couchée au milieu des Amours ; c'est un tableau fameux d'Annibal Carrache qui étoit dans la Galerie de Parme.

444 Onze, *idem*, pour les peintures de la Chapelle de S. Diegue, dans l'Eglise de S. Jacques des Espagnols à Rome.

445 Douze, *idem*, parmi lesquels sont plusieurs des Cris de Boulogne, & des *Caricatures*.

446 Quatorze, *idem*, dont la sainte Vierge assise entre deux Anges sur des nuées.

447 Quinze, *idem*, dont le Portrait d'Annibal Carrache dessiné par lui-même.

448 Quinze, *idem*, dont S. François en prieres dans fa folitude.

449 Seize, *idem*, dont S. Jean-Baptifte dans le Défert.

450 Vingt-quatre, *idem*, dont la fainte Vierge accompagnée de l'enfant Jefus qui écrafe le ferpent.

451 Vingt-quatre, *idem*, dont un Sacrifice.

452 Sept grands Deffeins d'Annibal Carrache, dont un des principaux qui vient du Cabinet de Pafinelli, eft celui d'un tableau qui eft dans la Galerie du Duc de Modene, & qui repréfente S. François adorant l'enfant Jefus entre les bras de la fainte Vierge qui eft affife dans un Trône, ayant près d'elle faint Jean-Baptifte & S. Jean l'Evangelifte.

Annibal Carrache eft fans contredit un des plus fiers deffinateurs qui ait jamais été. Il s'étoit exercé toute fa vie à deffiner d'après nature, ou à jetter fur le papier les differentes penfées que fon imagination lui fuggeroit. Ce fréquent ufage de deffiner qui lui avoit été infpiré par Louis Carrache, comme l'unique moyen de fe rendre fuperieur dans fon art, lui avoit rendu la pratique du Deffein extrêmement facile ; infenfiblement elle étoit devenuë pour lui un objet de délaffement. Mais autant fe plaifoit-il à cet exercice, autant étoit-il indifferent pour tout ce qu'il avoit produit : fi on ne lui avoit pas, pour ainfi dire, arraché des mains fes Deffeins, à peine en refteroit-il aujourd'hui quelques-uns. C'eft-à-dire qu'il manqueroit à la curiofité, ce qu'elle a de plus précieux.

Auguftin

Augustin CARRACHE.

453 Quatre Desseins, dont la Cene, la Mort de S. Benoît, & Minerve châtiant l'Amour ; ce sont des Desseins capitaux, & le dernier se trouve gravé par Corneille Galle.

454 Vingt-cinq, *idem*, differens Caprices.

455 Vingt-cinq, *idem*, autres Caprices.

456 Vingt & un, *idem*, dont un représente des Chasseurs qui chargent leurs fusils.

457 Vingt, *idem*. Divers caprices & pensées pour differens tableaux.

458 Vingt, *idem*, dont un grand Païsage, au verso duquel il y a plusieurs Etudes pour une figure de sainte Luce.

459 Vingt, *idem*, dont la plus grande partie sont des Caprices.

460 Vingt, *idem*, dont S. François en extase & plusieurs pensées, pour des sujets de Vierges.

461 Six grands Desseins des Carraches, dont un d'Augustin, représente un repos Champêtre, & deux autres sont du Guerchin.

La plume d'Augustin Carrache secondée par une main legere & un génie riche & facile, lui a fait produire une grande quantité de Desseins, où il regne un esprit & une touche qu'on ne peut trop admirer. On y découvre un Peintre du premier ordre qui n'ignore aucunes des regles de sa profession ; mais l'on y apperçoit aussi un habile Graveur qui sçait l'art d'arranger les tailles, & qui les fait servir à exprimer avec justesse & avec grace les differens objets qu'elles doivent figurer.

Etudes d'Annibal Carrache pour les tableaux de la Gallerie Farnese.

462 Huit Desseins, ou Etudes pour le tableau du triomphe d'Ariane ; & entr'autres, un très-beau Dessein du char de Bacchus qui vient de *Pietro* Lely.

463 Dix, *idem* ; autres Etudes pour le même tableau.

464 Huit, *idem*, Etudes & une premiere penfée pour la Compofition générale du plafond.

465 Dix, *idem*, dont une Etude pour la figure du Polypheme, & une autre du Triton qui fonne de la Conque marine, dans le tableau du triomphe de Galathée.

466 Douze, *idem*, Académies & autres Etudes.

467 Douze, *idem*.

468 Douze, *idem*.

469 Douze, *idem*.

470 Douze, *idem*.

471 Douze, *idem*.

472 Vingt, *idem* ; differentes penfées pour l'Ordonnance générale du plafond, & la décoration de la Gallerie.

473 Quatre Desseins pour les tableaux du Cabinet Farnefe ; fçavoir le Bellerophon, l'Atlas, & deux penfées differentes pour la Circé.

474 Neuf Desseins ; Etudes d'Annibal Carrache pour les tableaux de ce Cabinet.

475 Huit, *idem* : autres Etudes pour les mêmes tableaux.

476 La Gallerie Farnefe gravée par *Carle* Cefio en quarante-fix planches, & le Cabinet du même

Palais par *Pietro* Aquila, en onze piéces.

La Gallerie Farnefe eft l'ouvrage pour lequel le Carrache femble avoir fait un plus grand nombre d'Etudes. C'eft auffi celui qui lui a mérité une plus grande réputation. L'Angeloni avoit raffemblé jufqu'à fix cent de ces Deffeins. Ceux-ci faifoient partie de fon recueil. M. Pierre Mignard les apporta en France, & il en compofa plufieurs volumes, qui tous à l'exception d'un feul, font paffés dans le Cabinet de M. Crozat. Ces Deffeins font faits fçavamment, & avec encore plus de fermeté, que tout ce qu'Annibal avoit fait précedemment, lorfqu'il n'avoit pas encore vû les Statuës antiques, & les peintures de Raphaël & de Michel-Ange.

Académies, Têtes, & autres Etudes des Carraches.

477 Quinze Deffeins : Etudes faites par les Carraches d'après les ouvrages du Correge, & autres grands Maîtres.

478 Vingt, *idem* : Etudes d'Annibal Carrache.

479 Vingt, *idem*, dont quelques-unes ont été faites pour la Gallerie Farnefe.

480 Vingt, *idem* : autres Etudes.

481 Vingt, *idem* : Etudes.

482 Vingt-cinq, *idem* : Etudes.

483 Vingt-cinq, *idem* : Etudes.

484 Vingt-cinq, *idem* : Etudes.

485 Dix-huit Deffeins : Têtes, & Académies.

486 Dix-huit, *idem* : Etudes.

487 Quatorze, *idem* : Etudes d'après les figures de Michel-Ange, ou d'après l'Antique.

488 Douze, *idem* : Académies, & quelques Etudes de bras & de jambes.

489 Douze, *idem* : pareilles Etudes.

490 Douze, *idem* : autres Etudes & Académies.

491 Douze, *idem* : Académies & Etudes.

492 Quinze, *idem* : Têtes.

493 Quinze, *idem* : Têtes & autres Etudes.

494 Treize, *idem* : Têtes & Etudes.

495 Vingt-cinq, *idem* : Têtes.

496 Trente, *idem* : Têtes grandes & petites.

497 Trente, *idem* : autres Têtes grandes ou petites.

498 Trente, *idem* : autres Têtes.

499 Trente, *idem* : autres Têtes.

500 Quarante, *idem*, parmi lesquels sont diverses Etudes pour des mains.

501 Quarante, *idem*, & dans le nombre l'Académie de la figure de saint Pierre pleurant, par Louis Carrache.

502 Douze Desseins ; grandes Académies des Carraches, du Guerchin, & d'autres Maîtres de leur Ecole.

503 Douze, *idem* : autres pareilles Académies.

Ces belles Académies, ces Têtes & ces autres Etudes des Carraches, sont dessinées avec tant de justesse, qu'elles seroient capables de rétablir la peinture dans sa pureté, s'il étoit possible qu'elle tomba ; il est donc à desirer qu'on continuë de les conserver avec toute l'attention qu'elles méritent.

Païsages de Louis, Annibal, & Augustin Carrache.

504. Douze Desseins differens de Païsages.

505 Douze, *idem* : autres Païsages.

506 Douze, *idem* : autres Païsages.

507 Douze, *idem* : autres Païsages.

508 Douze, *idem* : autres Païsages.

509 Douze, *idem* : autres Païsages.

510 Douze, *idem* : autres Païsages.

511 Dix, *idem* : autres Païsages.

512 Neuf, *idem* : autres Païsages.

    Les Païsages des Carraches qui sont ici en grand nombre, sont fort agréables ; ils sont facilement faits, & quoiqu'on n'y trouve pas la même verité que dans ceux du Titien, leur belle touche & la richesse des Sites, leur donnent une autre espece de mérite, & ne les font pas moins rechercher. Ceux d'Annibal approchent plus de la maniere du Titien ; Augustin est un peu plus manieré dans les siens, mais sa plume est d'un beau coulant & d'une legereté merveilleuse : quant à Louis, il a un faire particulier, qui est infiniment spirituel, & qui va plus au vrai que celui de ses deux cousins. Ses Desseins de Païsages sont aussi beaucoup plus rares que les leurs ; ce qui vient de ce qu'il en a moins fait.

513 Vingt-neuf Estampes ; sçavoir douze de Louis Carrache, & dix-sept d'Annibal, la plus grande partie gravée par ces deux grands Maîtres.

514 Quarante-trois Estampes diverses, gravées par Augustin Carrache, du nombre desquelles est le Cordon de S. François, & le Crucifix du Tintoret, belle épreuve.

Antoine CARRACHE.

515 Quinze Desseins de Compositions ou de Païsages.

516 Quinze, *idem.*

517 Seize, *idem* : Païsages.

518 Seize, *idem* : autres Païsages.

Si ce jeune Peintre eût vêcu plus longtems, il est certain qu'il auroit relevé le nom des Carraches. L'on voit ici de ses Desseins de Païsages, qui vont de pair avec ce qu'Annibal & Augustin ont fait de plus beau.

Guido RENI.

519 Vingt-quatre Desseins, dont une tête de Christ couronné d'épines.

520 Vingt-quatre, *idem*, dont S. François en prieres.

521 Vingt-quatre, *idem*, dont une Académie pour le sujet de la Chûte des Geants.

522 Vingt-cinq, *idem*, dont deux pensées differentes pour un tableau de S. Ignace, à qui Jesus-Christ apparoît portant sa Croix.

523 Dix, *idem*, dont la tête d'Helene pour le beau tableau de l'Enlevement de cette Princesse, qui est dans la Gallerie de l'Hôtel de Toulouse à Paris.

524 Dix, *idem*, dont l'Etude de la tête du tableau de S. André Corsini, & un Païsage.

525 Dix, *idem*, dont une premiere pensée pour le tableau du Crucifiement de S. Pierre, & Silene yvre porté par de jeunes Faunes.

526 Vingt & un, *idem*, dont S. Dominique reçû dans le Ciel, qui est une premiere pensée, pour ce que

le Guide a peint dans la Chapelle de *S.* Dominique à Boulogne.

527 Vingt & un , *idem* , parmi lesquels font quelques
Deffeins des Eleves du Guide.

528 Six grands Deffeins du Guide , dont une grande
& belle tête d'un Chrift couronné d'épines ;
Deffein capital qui a appartenu à M. Jabach.

529 Quarante-fix Eftampes du Guide , & autres.

La Nobleffe & les Graces que le Guide a ré-
panduës fur fes vifages , fa belle maniere de drapper , jointe à la richeffe de fes Compofitions , en
ont fait un Peintre des plus aimables. Mais il ne
faut pas croire qu'il fe foit ainfi élevé , fans s'être
auparavant affujetti à un grand travail. L'on s'en
apperçoit principalement dans les Deffeins qu'il a
fait en grand pour fes Etudes. Tout y eft détaillé
dans la plus exacte précifion. L'on y voit un homme qui confulte perpetuellement la Nature , &
qui ne fe fie point à l'heureux talent qu'il a de
l'embellir.

Dominique ZAMPIERI , dit le Dominiquain.

530 Vingt-fix Deffeins , dont l'Adoration des Bergers & le Portement de Croix , des Académies
& des Etudes de Têtes.

531 Vingt-fix , *idem* , dont le Martyre de plufieurs
Saints à qui l'on coupe la tête , & le Raviffement de *S.* Paul , enfemble plufieurs Etudes.

532 Quinze , *idem* : Païfages.

533 Quinze , *idem* : autres Païfages.

Il ne faut pas être furpris de trouver ici fi peu
de Deffeins du Dominiquain ; il eut pû en faire
de très-beaux , car à en juger par fes païfages , il

avoit la plume facile, & l'on doit lui rendre cette juſtice que de tous les éleves des Carraches,
c'eſt celui qui a deſſiné le plus correctement; mais
il n'étoit pas dans l'uſage de faire de petits Deſſeins. Après avoir réflechi pendant longtems ſur
ce qu'il devoit exécuter, il faiſoit tout d'un coup
ſes Etudes en grand, & c'eſt ainſi qu'il préparoit
ces beaux Cartons qui ſont ſi arrêtés, & où ce
fameux Peintre paroît tout ce qu'il eſt.

Jean-François BARBIERI, dit le Guerchin.

534 Seize Deſſeins, dont le portrait de l'Auteur, &
Samſon pris par les Philiſtins.

535 Dix-huit, *idem*, dont la priſe de Jeſus-Chriſt.

536 Dix-huit, *idem*, dont S. François en prieres; il y
en a une Eſtampe gravée par le Paſqualini.

537 Dix-huit, *idem*, dont Jeſus-Chriſt montrant ſes
playes à une Sainte.

538 Dix-huit, *idem*, dont un Magicien faiſant ſes en-
chantemens.

539 Dix-huit, *idem*, dont une femme en demie figure tenant un tableau.

540 Dix-huit, *idem*, dont deux femmes qui ſe bat-
tent.

541 Six, *idem*, dont Hercule écraſant l'Hidre de
Lerne, que le Guerchin a peint ſur une des
cheminées du Palais Zampieri à Boulogne.

542 Six, *idem*, dont un Repos en Egypte; Deſſein
capital.

543 Six, *idem*, dont un Saint qu'on jette dans une
priſon.

544 Six, *idem*, dont une premiere penſée pour le tableau

bleau de saint Guillaume, dans l'Eglise de saint Gregoire à Boulogne.

545 Quatre, *idem*, dont S. Pierre établi chef de l'Eglise; très-beau Dessein qui vient de *Pietro* Lely. Il y en a une Estampe gravée par le Pasqualini.

546 Trente Desseins, la plûpart d'Etudes.

547 Trente, *idem*, autres Etudes & Compositions diverses.

548 Trente, *idem*.

549 Trente-deux, *idem*.

550 Huit Desseins de Païsages.

551 Huit, *idem* : autres Païsages.

552 Huit, *idem* : autres Païsages.

553 Huit, *idem* : autres Païsages.

554 Huit, *idem* : autres Païsages.

555 Huit, *idem* : autres Païsages.

556 Dix, *idem* : autres Païsages.

557 Dix, *idem* : autres Païsages.

558 Dix, *idem* : autres Païsages.

559 Soixante & dix-huit Estampes du Guerchin, gravées par le Pasqualini & autres.

L'on ne dira point que le Guerchin soit un dessinateur correct. Il s'en faut beaucoup. On peut même le taxer d'être fort maniéré : Il plaît cependant pour le moins autant qu'un dessinateur plus sévere. C'est que ses contours sont coulans & de chair, que ses Compositions sont grandes & nobles, & qu'il y a dans la distribution de son clair-obscur, une intelligence & des effets merveilleux. Ce Peintre a outre cela une plume tout-à-fait séduisante, & lorsqu'il y joint quelques coups de lavis, il met dans ſes Deſſeins une *Vagheſſe* qu'on ne trouve dans les Deſſeins d'aucun autre Maître. Le Guerchin a eu deux tems ; l'un où il égale, s'il ne ſurpaſſe les meilleurs Peintres de Lombardie ; l'autre où il eſt fort au-deſſous de lui-même. Ses Deſſeins de Païſages ſont fort recherchés, il avoit une maniere de les faire, qui fait un grand effet, & qui lui eſt particuliere ; mais tout autre que lui n'en auroit certainement pas tiré un auſſi grand parti. Ceux de ſes éleves qui l'ont voulu imiter, en ſont un exemple. M. Crozat en acquerant à Boulogne des heritiers de M. Boſchi les Deſſeins qui avoient appartenu au Comte Malvaſia, a fait paſſer dans ſon Cabinet de très-beaux Deſſeins du Guerchin.

François ALBANI.

560 Quinze Deſſeins, dont une belle Compoſition de Plafond qui vient du Cabinet du ſieur Paſinelli de Boulogne.

561 Seize, *idem*, dont un repréſente la rencontre de S. François & de ſaint Dominique, & un autre un beau Païſage.

562 Dix-huit, *idem*, dont l'Adoration des Bergers.

L'Albane eſt de tous les diſciples des Carraches, celui qui a fait un moindre nombre de Deſſeins, auſſi faut-il avouer qu'il deſſinoit difficilement, quoique correctement.

Jacques CAVEDON.

563 Dix-huit Deſſeins, dont Jeſus-Chriſt fuyant devant les Juifs qui veulent le lapider.

564 Dix-huit, *idem*, dont l'Adoration des Bergers.

565 Seize, *idem*, dont un Saint guériſſant un malade,

en faisant sur lui le signe de la Croix.

566. Vingt, *idem*, dont la Nativité de la sainte Vierge.

567. Vingt & un, *idem*, dont la sainte Vierge invoquée par S. Petrone & S. Alò, premiere penfée du fameux tableau du Cavedon, qui eft dans l'Eglife des *Mendicanti* à Boulogne.

568 Huit grands Deffeins, dont un du Cavedon, deux du Chevalier Benafchi éleve du Lanfranc, & les autres de differens Peintres de Lombardie, ou de l'Ecole des Carraches.

Le Malvafia & le Pafinelli avoient raffemblé les plus beaux Deffeins du Cavedon, M. Crozat les a eu tous, & l'on y retrouve un Peintre qui tant qu'il a été dans fa vigueur, s'eft diftingué par la beauté de fes Compofitions dignes de Louis Carrache, & par une intelligence de clair-obfcur qui ne le cede point au Titien.

Alexandre TIARINI, *Leonello* SPADA, *Lucio* MASSARI, *Laurent* GARBIERI, & autres éleves des Carraches.

569 Douze Deffeins, dont un beau fujet de Plafond par le Tiarini, & le Martyre de S. Barthelemy par *Leonello* Spada.

570 Douze, *idem*, dont un Martyr étendu fur le Chevalet par *Leonello* Spada, & S. Benoît à qui les habitans voifins de fa folitude apportent des vivres, par le Tiarini.

571 Quinze, *idem*, dont la Vifitation de fainte Elifabeth, du Tiarini.

572 Quinze, *idem*, dont une allégorie repréfentant la Pureté entre la Vertu & l'Abondance, par le Tiarini.

573 Vingt-cinq, *idem*, dont la sainte Vierge dans la gloire, tenant l'enfant Jesus adoré par S. Domique & S. François, du Tiarini, & les autres du Maffari, Maftelletta, & autres éleves des Carraches.

574 Vingt-cinq, *idem*, Deffeins des mêmes Maîtres & de Jean-Pierre Poffenti, & dans le nombre le Martyre d'un Saint, de *Leonello* Spada.

Alexandre Tiarini & *Leonello* Spada ont plus approché de la maniere de Louis Carrache, qu'aucun de leurs autres condifciples : Le premier furtout a fait de tres-beaux Deffeins grandement compofés, & ceux qui font ici de ce Maître, font fort confidérables.

François Bricci.

575 Trente Deffeins, dont quatre Sujets de l'hiftoire de faint George.

576 Trente, *idem* : autres Deffeins du même Maître.

577 Trente-cinq, *idem*, dont quatre Sujets de l'hiftoire de Renaud & Armide.

Ce Peintre qui a auffi été Graveur, a cherché à imiter la maniere fimple de Louis Carrache, & Malvafia fait un grand éloge de fes Deffeins de païfages & de perfpectives.

Le Chevalier *Alexandre* Algardi.

578 Quinze Deffeins, dont deux grands Païfages dans lefquels font repréfentés des fujets de Renaud & Armide.

579 Dix-neuf, *idem*, dont le Combat d'Hercule & d'Archeloüis, & plufieurs Deffeins de Vafes, & autres ouvrages d'Orfêvrie.

580 Vingt-deux, *idem*, dont la premiere penſée pour
la Statuë de S. Philippe de Neri, qui eſt dans
l'Egliſe Neuve à Rome.

Pierre FACINI.

581 Vingt-ſix Deſſeins, dont S. Raymond traverſant
la mer ſur ſon manteau. Ce Deſſein a été gravé
par le Valeſio.

582 Vingt-ſix, *idem*, dont Jeſus-Chriſt guériſſant les
Malades.

583 Vingt-cinq, *idem*, dont la ſainte Vierge allaittant
l'enfant Jeſus, deux Eſtampes du même Maî-
tre, & la ſuite des Cris de Boulogne en dix-
ſept piéces, gravées par le Curti d'après le Tam-
burini.

Tout incorrects & tout incertains que ſont les
Deſſeins de ce Maître, on ne laiſſe pas que d'y
appercevoir une idée du beau & un goût, qui ont
mérité les éloges des Carraches.

Jean-Louis VALESIO.

584 Trente Deſſeins, du nombre deſquels ſont trois
Compoſitions d'après Louis Carrache, deſſinées
à la plume avec grand ſoin.

585 Trente, *idem* : autres Deſſeins du Valeſio.

586 Trente-cinq, *idem*.

Pierre-Paul DE CORTONNE, ſurnommé le GOBBO des Carraches.

587 Quinze Païſages, & le portrait de l'Auteur fait
par lui-même.

588 Dix-huit, *idem* : autres Païſages.

589 Vingt, *idem* : autres Païſages.

Cet Artiste qui étoit attaché aux Carraches, a deſſiné le Païſage de fort bonne maniere, quoiqu'un peu trop de pratique.

Jean-François GRIMALDI, dit le Bologneſe.

590 Trente-quatre Deſſeins de Païſages.

591 Trente, *idem* : autres Païſages.

592 Trente, *idem* : autres Païſages.

593 Trente, *idem* : autres Païſages.

594 Trente, *idem* : autres Païſages.

595 Trente, *idem* : autres Païſages.

596 Trente, *idem* : autres Païſages.

597 Trente, *idem* : autres Païſages.

598 Trente, *idem* : autres Païſages.

599 Trente, *idem* : autres Païſages, & vingt-neuf Eſtampes gravées par le même Maître.

Simon CANTARINI, dit le Peſareſe.

600 Douze Deſſeins, dont la Mort de S. Joſeph.

601 Douze, *idem*, dont S. Benoît guériſſant un poſſedé ; tableau de Louis Carrache dans le Cloître de S. Michel *in Boſco* : C'eſt ſur ce Deſſein très-terminé, que le Peſareſe a gravé l'Eſtampe qui y eſt jointe.

602 Vingt-quatre, *idem*, dont ſon portrait & le ſujet de la Transfiguration.

603 Vingt-quatre, *idem*, dont un repréſente les Apôtres ſaint Pierre, ſaint Paul & ſaint Jean diſcourant enſemble.

604 Vingt-quatre, *idem*, dont la ſainte Vierge reçûë dans le Ciel, & ſaint Antoine de Padouë adorant l'enfant Jeſus.

605 Vingt-quatre, *idem*, dont un Chrift mort entre les bras de Dieu le pere.

606 Vingt-cinq, *idem*, dont Mercure endormant Argus ; Deffein arrêté fait à la fanguine, fur lequel le Pefarefe a gravé fon Eftampe.

607 Quarante-neuf Eftampes du Pefarefe.

Les Deffeins ci-deffus, viennent prefque tous du Comte Malvafia ou du Pafinelli, qui les avoient recueillis avec grand foin prefque du vivant même du Pefarefe. On y retrouve prefque tous les Deffeins que ce Peintre gracieux avoit fait pour parvenir à fes graveures ; c'eft-à-dire ces mêmes Deffeins que le Guide prifoit fi fort, & qui lui avoient caufé quelqu'ombrage. On y découvre, en effet, & principalement dans ceux qui font des Etudes, un goût de nature, & des fentimens de chair qui ne pouvoient manquer de plaire à un Peintre, tel que le Guide qui poffedoit ces grandes parties dans le degré le plus éminent.

Guide CAGNACCI, *Jean-Jacques* SEMENTI, *Laurent* PASINELLI, *Alexandre* ALBINI, & autres Boulonois fortis de l'Ecole des Carraches.

608 Vingt-fix Deffeins de ces differens Maîtres.

Dominique-Marie CANUTI, le CACCIAIOLI fon éleve, & autres Peintres Boulonois.

609 Dix-huit Deffeins, dont celui du Plafond peint par le Canuti dans le Palais Marefcotti à Boulogne, repréfentant l'Apotheofe d'Hercule.

610 Dix-fept Deffeins de divers Peintres Boulonois, dont une Proceffion par le Gatti.

Cesar & Benoît GENNARI, & autres Eleves du Guerchin.

611 Vingt-quatre Desseins, dont quelques-uns de Païsages faits à la plume.

612 Vingt-quatre, *idem*.

613 Vingt-cinq, *idem*.

Elisabeth SIRANI.

614 Vingt-cinq Desseins, dont le Portrait de cette habile fille fait par elle-même, & une premiere pensée du tableau du Baptême de N. S. qu'elle a peint à la Chartreuse de Boulogne.

615 Vingt-cinq, *idem*, dont une autre pensée pour le tableau susdit, & plusieurs idées fort agréables pour des tableaux de Vierges.

616 Trente-six, *idem*, dont une troisiéme pensée differente du tableau du Baptême de N. S. & diverses pensées pour des Vierges, dont quelques-unes sont tout-à-fait dans le goût du Guide.

Le Chevalier *Charles* CIGNANI, & autres Peintres modernes de l'Ecole de Boulogne.

617 Seize Desseins du Cignani, dont une Vierge ayant entre ses bras l'enfant Jesus qui tient un livre ouvert, & une Académie pour une figure d'Ange de la Coupole de Forli.

618 Seize, *idem*, du même Maître, dont un sujet de Vierge, une Charité, & Jesus-Christ guérissant le Paralytique.

619 Vingt-deux Desseins du Mazzoni, du Burini, Jean-Joseph del Sole, du Franceschini, Dona-

to

to Creti, Fratta, Dominique Viani, & autres
Peintres Boulonois.

620 Vingt-trois, *idem*, du Mitelli, Bibiena, Aure-
liano Milani, l'Espagnol, & de quelques-uns
des Maîtres nommés dans l'article précedent.

Pierre-François CITTADINI, dit le Milanois,
éleve du Guide à Boulogne.

621 Vingt-quatre Desseins de Païsages.

622 Vingt-quatre, *idem* : autres Païsages.

623 Vingt-six, *idem* : autres Païsages.

*Eleves des Carraches, & Peintres Boulonois
inconnus.*

624 Trente-cinq Desseins de differens sujets.

625 Quatre-vingt, *idem*.

626 Quatre-vingt, *idem*.

627 Cinquante Estampes de divers Maîtres Boulonois.

ECOLES DE MILAN,
DE CREMONE, DE BRESSE, &
autres Villes de Lombardie.

Le GAUDENTIO, *Bernard* & *Aurelio* LUINI, le
LOMAZZO, FIGINI, MORAZONE, CERANO,
CRESPI, & autres Peintres Milanois.

628 Dix-huit Desseins de ces differens Maîtres.

629 Vingt & un, *idem*.

Jules-Cefar & *Camille* PROCACCINI.

630 Vingt-cinq Deſſeins, dont la ſainte Vierge dans le Ciel, ayant à ſes pieds ſaint Etienne & ſaint Laurent.

631 Vingt-cinq, *idem*, dont deux Prophétes aſſis ſur des nuées.

632 Dix, *idem*, dont une premiere penſée pour le tableau de S. Roch guériſſant les peſtiferés, qui eſt dans la Gallerie du Duc de Modene, & qui a été fait en concurrence de celui de l'Aumône de ſaint Roch, d'Annibal Carrache.

La concurrence qui a été entre les Procaccini & les Carraches, n'a pas peu contribué à faire faire à ceux-ci de nobles efforts, pour ſurpaſſer leurs émules. L'on reconnoît, en effet, dans les Deſſeins des Procaccini qui ſont dans la Collection de M. Crozat, un fond de ſcience, qui étoit bien capable de donner de la jalouſie à des Peintres auſſi clair-voyans, qu'étoient les Carraches.

Jerôme MUCIAN de Breſſe, Fondateur de l'Académie de Peinture dans Rome,

633 Trois grands Deſſeins de Païſages à la plume très-terminés, dans l'un deſquels eſt repréſenté ſaint Onufre, dans un autre ſaint Euſtache, & dans le troiſiéme ſainte Magdelanie. Ce ſont les mêmes ſur leſquels Corneille Cort a gravé. Ils ont appartenu à Rubens qui a deſſiné quelque choſe dans un de ces Deſſeins.

634 Huit, *idem*, dont Jeſus-Chriſt donnant les Clefs à ſaint Pierre; le reſte étant des Païſages.

635 Quinze, *idem*, dont le Deſſein du tableau de la

Réfurrection du Lazare qui eſt à ſainte Marie
Majeure , & quelques Deſſeins de Ceſar Nebbia , diſciple du Muçian.

636 Seize , *idem* , dont l'Entrée de Jeſus-Chriſt à Je-
ruſalem , & quelques Païſages.

637 Dix-ſept , *idem* , dont l'Annonciation de la ſainte
Vierge , quelques Païſages , & les portraits du
Mucian & du Nebbia.

638 Quatre grands Deſſeins , dont deux du Mucian ,
& deux du Cangiage.

639 Dix-neuf Eſtampes du Mucian gravées par Corneille Cort , & autres Graveurs.

Les Païſages du Mucian ſont dignes du Ti-
tien ; le *feuiller* en eſt leger , & de grande maniere.
Il n'eſt pas poſſible de mieux exprimer les troncs &
les branches d'arbres. Ce talent qui a acquis au
Mucian une grande réputation , étoit relevé par
une haute intelligence de toutes les autres parties
de la peinture.

Alexandre BUONVICINO , dit *il Moretto , Jerôme*
ROMANINI , *Battiſta* DEL MORO , *Lattantio*
GAMBARA , *Alexandre* VÉRONESE , dit l'*Orbetto* ,
& autres Peintres de Breſſe.

640 Quatorze Deſſeins de ces differens Maîtres , dont
Clelie reconduiſant ſes compagnes à Rome , par
Lattantio Gambara.

641 Treize , *idem* , dont l'Enlévement des Sabines par
Alexandre Veroneſe , & une Eſtampe de Paſ-
quale Ottini.

Les Dosses de Ferrare, *Camille* Bocaccino,
les Campi, & le Chevalier Malosso de
Cremone, *Albert* Fontana, *Raphaël* de
Reggio, *Jean-Baptifte* della Marca, &
autres Peintres de Lombardie.

642 Trente Deffeins de ces differens Maîtres.

643 Trente-fept, *idem.*

644 Quarante & un, *idem.*

ECOLE VENITIENNE.

André Mantegne, de Padouë:

645 Trente & un Deffeins, parmi lefquels il s'en
trouve trois confidérables du triomphe de Jules Cefar.

646 Vingt-cinq Eftampes gravées par André Mante-
gne, ou d'après lui.

Jean Bellin, Carpaccio, Bonifacio, *Lorenzo* Lotti, & le vieux Palme.

647 Seize Deffeins de ces Maîtres, dont un Païfage
de Jean Bellin, & deux Deffeins d'Etudes tirés
du Livre du Vafari.

648 Dix-huit, *idem*, dont une Vierge de Bonifacio
Bembi.

Le Giorgion de Caftel Franco, & Frà *Sebaftien* del Piombo.

649 Vingt-trois Deffeins, dont plufieurs de Païfages.

650 Vingt-trois, *idem.*

Les Desseins du Giorgion sont fort rares ; & quoiqu'ils se ressentent de la rudesse du renouvellement des Arts, ils accusent, principalement ceux de Païsages, un goût de couleur, qui a décidé de la réputation de ce grand Peintre.

Titien VECELLI, de Cador.

651 Le Portrait du Titien environné de plusieurs figures allégoriques qui expriment la fécondité de son génie, & l'heureux talent qu'il a eu de représenter les beautés de la Nature. Ce morceau qui est coloré & peint à huile sur un Carton, est de l'illustre Monsieur de la Fosse.

652 Un Dessein très-Capital du Titien, représentant la sainte Famille dans un fort beau Païsage. Il est à la plume très-terminé, & vient de la Collection de M. Van Schelling. Il y en a une Estampe ancienne gravée à Venise du vivant du Titien.

653 Six Desseins, dont une Etude pour la partie inférieure où sont les Apôtres, du tableau d'Autel de l'Eglise des *Frari*, à Venise.

654 Huit, *idem*, dont une très-belle Tête de vieillard en grand, & l'invention du Corps de sainte Agathe ; ce dernier Dessein est à la plume.

655 Huit, *idem* ; dont le Portrait de ce grand Peintre dessiné par lui-même au Crayon noir ; on lit sur le revers ces vers Italiens, qui passent pour être du Cavalier Marini.

> *Tiziano son io,*
> *M'estinse per paura*
> *D'esser dall' arte mia vinta Natura,*
> *Mà di mia man mi fei,*
> *Vendicando il mio torto,*

Immortal pria, che morto.
Hor ecco io vivo, e come è l'uso mio
Ancor dipingerei ,
Ma frà l'eterne forme in Ciel avezzo ,
Simulacri terreni odio e disprezzo.

656 Douze Deffeins, dont la premiere penfée pour un tableau où eft repréfenté la fainte Vierge , tenant l'enfant Jefus adoré par un Saint.

657 Quatorze , *idem* , dont la fainte Vierge adorant l'enfant Jefus nouvellement né.

658 Quinze , *idem* , dont l'Enlevement d'Europe.

659 Dix-huit , *idem* , dont une Tête de femme.

660 Deux , *idem* , Deffeins de Païfages très-beaux.

661 Trois , *idem* : autres Païfages , & dans ce nombre celui d'Angelique expofée à un Dragon qu'a gravé Corneille Cort.

662 Trois , *idem* , dont le Deffein original & très-terminé du Flutteur , qui a été gravé par le Titien même. Ce Deffein eft d'une confervation parfaite.

663 Six , *idem* : autres Païfages , dont l'Etude de l'arbre qui eft fur le devant dans le Païfage où eft un *S.* Jérôme , duquel il y a une Eftampe gravée en bois.

664 Quatre grands Deffeins du Titien , dont l'Affomption de la fainte Vierge ; tableau d'Autel de l'Eglife des *Frari* à Venife , des Etudes pour les figures d'Apôtres de ce même tableau , & deux Deffeins differens pour celui de la Bataille de Ghiaradadda.

665 Deux grands & magnifiques Païfages, dans un defquels eft reprefenté l'Enlevement d'Europe. Ce font des vûës de païs fort étenduës , prifes dans

les montagnes du Frioul. Il n'eſt pas poſſible de voir deux plus beaux Païſages. M. Crozat les a eu dans une vente qui s'eſt faite en Hollande.

Si le merveilleux pinceau du Titien, lui a mérité une gloire immortelle, ce grand Peintre ne s'eſt pas fait un moindre nom par l'excellence de ſes Deſſeins. Ceux qu'il a fait pour ſes Compoſitions de figures, ne ſont le plus ſouvent que de legeres Eſquiſſes qui ſervoient à fixer ſa penſée; mais ces premiers traits dénotent toujours un grand homme, ils indiquent de belles formes, & il y regne un goût, qui prenant ſa ſource dans le beau, tient lieu d'une plus grande correction. Le Titien tout occupé de l'effet de la couleur, ſe bornoit à ces ſimples Eſquiſſes. Lorſqu'il a voulu faire des Deſſeins arrêtés, alors il eſt entré dans de plus grands détails, & s'aſſujettiſſant à un travail ſoigné, ſa plume ne le cede point à ſon pinceau, elle exprime avec la même fraîcheur les ſentimens de la chair. Cette plume qui eſt auſſi moëlleuſe, qu'elle eſt expreſſive, a ſervi heureuſement le Titien, lorſqu'il a deſſiné des Païſages; & il paroît qu'il ſe plaiſoit à en deſſiner, car on en trouve pluſieurs de lui, & de très-beaux. Indépendamment de ſa belle façon de *feuiller* les arbres ſans aucune maniere, & d'exprimer avec vérité les differentes natures de terraſſes & de montagnes, & des fabriques ſingulieres; il a encore trouvé l'art de rendre ſes païſages interreſſans, par le choix des Sites, & la diſtribution des lumieres, lors - même qu'il n'y introduit aucune figure. Tant de grandes parties ont fait regarder avec juſtice le Titien, comme le plus grand deſſinateur de Païſages qui ait encore paru.

Jean-Antoine L I C I N I O , dit le Pordenon.

666 Vingt Deffeins, dont Joas proclamé Roi de Ju-
da ; ce morceau qui eft confidérable, vient du
Cabinet de M. Jabach.

667 Vingt-deux, *idem*, dont le Jugement de Salo-
mon ; Deffein qui a encore appartenu à M. Jabach.

668 Vingt-fix, *idem*, dont la fainte Vierge dans un
Trône au milieu de plufieurs Saints.

669 Six grands Deffeins du Pordenon, dont quatre
repréfentent le Triomphe de la Religion, à
peu près dans la même intention que celui du
Titien.

Dominique C A M P A G N O L E.

670 Huit Deffeins de Païfages.

671 Huit, *idem*, dont un grand Païfage.

672 Huit, *idem*, dont un repréfente des Gens qui
élevent des Vers à foye.

673 Huit, *idem*, dont un grand Païfage.

674 Dix, *idem* : autres Païfages.

675 Dix-huit, *idem*, dans l'un defquels eft repréfenté
la Multiplication des pains.

676 Dix-huit, *idem*, du nombre defquels eft le Chrift
à la monnoye, qui a été gravé par Bertelli.

677 Dix-huit, *idem* : autres Païfages.

678 Vingt-deux, *idem* : autres Païfages.

679 Cinq grands Deffeins de Païfages du Campagnole ; dans ce nombre eft auffi comprife une Frife
deffinée par *Battifta* Franco.

Perfonne n'a encore mieux faifi la maniere de
deffiner

deſſiner le Païſage du Titien, que le Campagnole. Il étoit ſon contemporain, & il a, ainſi que ce
grand Peintre, un maniment de plume toùt-à-fait
expreſſif; ſon *feuiller* eſt leger & de bon goût; ſes
lointains ſont merveilleux pour leur richeſſe. Ces
deux Peintres ont pris leurs modéles dans les montagnes du Frioul; mais le Campagnole n'a pas
encore toute l'intelligence du Titien, ſa touche
eſt plus égale, & les devans de ſes Païſages ſont
ordinairement pauvres. Il n'eſt cependant rien de
ſi ordinaire, que de voir d'excellens connoiſſeurs,
prendre le change ſur les Deſſeins de ce Maître,
en les attribuant au Titien; & c'eſt aſſurément le
plus grand éloge qu'on en puiſſe faire. Les Deſſeins du Campagnole qui compoſent cette Collection, ſont des plus beaux qu'on connoiſſe de
ce Maître. Il s'y en trouve de deux manieres
fort diſſemblables; les uns ſont d'une plume ſé-
che & égale, & tiennent de la maniere de deſſiner du Giorgion; les autres ſont dans le grand
ſtyle du Titien. On ne peut pas douter que les
uns & les autres ne ſoient du Campagnole, & il
a même eu le ſoin de mettre ſon nom aux premiers. Seroit-ce qu'il y auroit eu deux Maîtres
de ce même nom; ou le même Maître auroit-il
ainſi varié de maniere?

Paul CALLIARI de Verone, connu ſous le nom de PAUL VERONESE.

680 Un Deſſein Capital repréſentant la ſainte Vierge
accompagnée d'Anges qui portent les differens
attributs de ſes Vertus. Ce deſſein eſt lavé &
rehauſſé de blanc au pinceau; il étoit autrefois
dans le Cabinet du ſieur Mozelli à Verone, &
Ridolfi en a fait mention dans la vie de Paul

Veronese. Dans un écrit qui est au *verso* de ce Dessein, ce Peintre s'y rend compte à lui-même de cette Composition, qui est aussi neuve qu'elle est élegante.

681 Deux, *idem*, dont la Vertu qui fuit le vice, & une Vierge environnée d'Anges qui jouent des instrumens.

682 Trois, *idem*, dont un repos en Egypte; Dessein qui a appartenu au Chevalier *Pietro* Leli, & qui a été gravé par Vander Borcht.

683 Trois, *idem*, représentant les quatre Evangelistes & des Prophétes.

684 Quatre, *idem*, dont le Dessein d'un tableau du Palais de S. Marc à Venise, où est représenté le Pape Alexandre III. reconnu à Venise par le Doge Zani, & le Dessein que Paul Veronese fit en concurrence du Tintoret, & des autres principaux Peintres de Venise pour le plafond de l'*Albergo* dans l'Ecole de S. Roch.

685 Quatre, *idem*, dont le Mariage de la sainte Vierge, Composition très-belle & très-riche.

686 Trois, *idem*, dont les Amours de Venus & d'Adonis, & une très-belle tête de femme en pastel.

687 Six, *idem*, dont l'Adoration des Bergers.

688 Six, *idem*, dont le Dessein pour un tableau d'Autel, où est représenté S. François & sainte Barbe, & une tête de Maure.

689 Six, *idem*, dont l'Assomption de la sainte Vierge.

690 Huit, *idem*, dont le Centenier aux pieds de Jesus-Christ.

691 Huit, *idem*, dont une Adoration des Rois.

692 Douze, *idem*, dont S. Georges porté au Ciel par les Anges; grande Composition.

693 Douze, *idem*, dont l'Afcenfion de Notre-Seigneur.

694 Vingt-quatre, *idem*; la plûpart font des copies d'après des tableaux, ou Deffeins de Paul Veronefe.

695 Deux grands Deffeins de Paul Veronefe, dont un qui repréfente Jefus-Chrift & fa mere à table fervis par les Anges, vient du Cabinet des Mozelli de Verone, & a été décrit par le Ridolfi ; & l'autre eft une décoration d'architecture & de figures pour un plafond.

696 Deux autres grands Deffeins du même Maître ; l'un repréfentant l'Affomption de la fainte Vierge, & l'autre la Gloire du Paradis ; ces beaux Deffeins étoient à Boulogne dans le Cabinet du fieur Pafinelli, fameux Peintre.

Autant la plûpart des Peintres Venitiens a paru négliger la partie du Deffein, autant Paul Veronefe s'eft-il appliqué à la cultiver. Il n'a prefque jamais peint aucun tableau, dont il n'ait fait auparavant un Deffein, arrêté & très-fini, & ce Deffein étoit fuivi d'Etudes en grand. La difficulté d'operer a fans doute empêché les autres Venitiens d'en agir ainfi ; au lieu que Paul Veronefe avoit une facilité de deffiner, qui lui faifoit trouver dans cet exercice, de quoi même s'amufer agréablement. On voit dans la Collection de M. Crozat des Deffeins qu'il a fait avec grand foin pour fa propre fatisfaction, & où il explique les motifs qui les lui ont fait entreprendre. Ce Maître deffinoit avec la même *fuavité* qu'il peignoit. Ses plus beaux Deffeins font legerement lavés fur un trait à la plume très-ferme, & rehauffés de blanc au pinceau fur les jours. Ce blanc qui eft merveilleufement bien mis, exprime differences nuances de clair, qui conduifent par dégrés depuis la demie teinte , jufqu'à la lumiere la plus vive. Cette maniere qui eft pleine d'intelligence , appartient en quelque façon en propre à Paul Veronefe.

Jacques ROBUSTI, dit le Tintoret.

697 Six Defleins, dont le Crucifiement de S. Pierre, & S. Michel combattant contre les mauvais Anges.

698 Huit, *idem*, dont le Sénat de Venife adorant la fainte Trinité , & un beau Deflein de l'Affomption de la fainte Vierge.

699 Quinze, *idem*, dont S. André fe préparant au martyre.

700 Vingt , *idem*, dont la Nativité de la fainte Vierge.

701 Vingt , *idem*, dont le Jugement de la femme adultere.

702 Vingt , *idem*, Defleins de Dominique Tintoret, fils de Jacques.

703 Trois grands Defleins du Tintoret, dont l'un repréfente le Crucifiement de N. S. fujet compofé d'un grand nombre de figures , un autre le Paradis, & le troifiéme , le fameux tableau de l'Ecole de faint Marc.

Le génie impetueux du Tintoret, ne lui a prefque jamais permis de faire des Defleins de fes tableaux. Il fe contentoit de modeler de petites figures qu'il difpofoit fur un théâtre, il les éclairoit enfuite, & lorfqu'il s'étoit affuré de l'effet des lumieres , & qu'il étoit content de la difpofition de fes grouppes, il fe mettoit fur le champ à peindre. Cette pratique lui étoit devenuë fi familiere , que dans la concurrence qu'il y eut entre lui & les principaux Peintres de Venife pour les ouvrages de l'Ecole de S. Roch, le Tintoret au lieu d'un Deffein, fit un tableau, & l'apporta le jour même que les autres Peintres produifirent leurs Deffeins. Il eft donc étonnant qu'il y ait dans la Collection de M. Crozat un fi grand nombre de Deffeins de ce Maître.

Jacques & *François* BASSAN.

704 Vingt Deffeins, dont l'Etude d'une femme portant fon enfant, en paftel.

705 Vingt, *idem*, dont l'Adoration des Rois en hauteur, la même qui a été gravée par Sadeler.

706 Quatre grands Deffeins de Jacques Baffan, dont un qui repréfente l'Adoration des Bergers, eft un des plus beaux qu'on connoiffe de ce Maître.

707 Cinq, *idem*, dont la Prédication de S. Jean-Baptifte.

708 Cinquante Eftampes des Baffans, & autres Maîtres Italiens.

Si le Baffan s'étoit contenté de faire des Deffeins, il ne jouiroit pas de la réputation qu'il s'eft acquife; fes Deffeins tout indécis qu'ils font, accufent cependant, il faut l'avouer, de la couleur, & c'eft ce qui les fait rechercher.

André MELDOLLA, dit le Schiavon.

709 Trois Deffeins, un Chrift dans le tombeau, une fainte Famille, & la guérifon du Paralytique.

710 Dix-neuf, *idem*, du même Maître.

L'on ne peut propofer André Schiavon pour un bon deffinateur, il n'y en eut jamais de plus incorrect. Cependant il a fait quelques fois des Deffeins fort piquans, qui font dans le ftyle du Par-

mesan, & il y en a ici quelques-uns de cette efpece, qui donnent une grande idée de sa capacité.

Battista FRANCO, dit *il Semoleo.*

711 Cinq Desseins, dont les Grecs entrant dans le
Cheval de Troyes.

712 Vingt-quatre, *idem.*

713 Vingt-sept, *idem*, dont un fort beau Dessein du
Portement de Croix.

714 Soixante-sept Estampes de *Battista* Franco, Paul
Farinati, & autres Maîtres Vénitiens.

Ce Maître a une plume fort legere, & il y a
peu de Peintres, qui ayent dessinés autant que lui;
mais on voit qu'il ne peut rien faire que de pratique. Il est parmi les Italiens, ce que la Fage est
entre les François.

Paul FARINATI, de Verone.

715 Vingt-huit Desseins, dont la dispute de Neptune
& de Minerve, pour nommer la ville d'Athenes.

716 Vingt, *idem*, dont la Nymphe Arethuse changée
en fontaine.

717 Vingt, *idem*, dont un sujet pour un tableau d'Autel où sont représentés S. François, S. Dominique & S. Sebastien.

718 Vingt, *idem*, dont un sujet allégorique représentant l'Esperance qui tend les bras à l'Amour &
au Desir.

719 Vingt & un, *idem*, dont l'Enlevement d'Europe.

720 Dix, *idem*, composant ensemble une Frise où est
représentée l'histoire d'Esther.

721 Huit, *idem*, dont une assemblée de Philosophes.

722 Dix, *idem*, dont la Transfiguration de N. S. fur le Tabor.

723 Sept grands Deſſeins de Paul Farinati, dont un repréſente Neptune appaiſant la Tempête.

   Paul Farinati eſt un praticien qui invente aiſé-ment ; ſes Compoſitions ſont dans le ſtyle de Paul Veroneſe, mais il n'a ni la legereté, ni ces gra-ces dont les Deſſeins de ce dernier ſont remplis. Il mérite cependant d'avoir place dans le rang des deſſinateurs.

Paris BORDON, *Battiſta* ZELOTTI, *Joſeph* SALVIATI, l'ALLIENSE, le PADOUANIN, *Pierre* MALOMBRA, CONTARINI, *Leonard* CORONA, & autres Peintres Venitiens.

724 Vingt-huit Deſſeins, dont un très-beau du Ze-lotti repréſentant la Religion entre les quatre Evangeliſtes.

725 Trente, *idem*, dont les Pelerins d'Emaüs, par le Zelotti, qui de tous les Peintres Venitiens, eſt celui qui a travaillé avec le plus de ſuccès dans la maniere de Paul Veroneſe.

726 Vingt-quatre Deſſeins de differens Maîtres de l'Ecole Venitienne, & autres.

727 Quatre grands Deſſeins, dont un de Joſeph Sal-viati. C'eſt le tableau qu'il a peint dans l'Egliſe des *Frari* à Veniſe, & qui repréſente la Préſen-tation de N. S. au Temple. Ce beau & grand Deſſein a appartenu à Rubens qui l'a reſtauré avec une grande habileté, dans un endroit qui étoit emporté : les trois autres Deſſeins de ce Numero ſont du Mucian, de Lambert Suſtris & d'André Vicentino.

728 Onze grands Desseins d'Alexandre Veronese, *Santa* Peranda, Matthieu Ingoli, & autres Peintres Venitiens.

Jacques PALME, le jeune.

729 Quarante Desseins, dont le Couronnement d'épines.

730 Quarante, *idem*, dont la Priere au jardin des Oliviers.

731 Trente, *idem*, dont le portrait d'un Noble Venitien.

732 Quarante, *idem*, dont l'Assomption de la sainte Vierge.

733 Cinquante, *idem*, la plûpart de differens griffonnemens.

734 Trente, *idem*, dont le portrait de l'Auteur dessiné par lui-mème en 1614.

735 Trente, *idem*, dont Caïn tuant Abel.

736 Trente, *idem*, dont S. Pierre marchant sur les eaux.

737 Vingt-sept, *idem*, dont le Lavement des pieds.

738 Vingt-cinq, *idem*, dont le Massacre des Innocens.

Ces Desseins sont pour la plus grande partie des esquisses pour des Compositions de tableaux, où l'Auteur montre du génie, mais il s'y déclare en même tems un grand praticien. Ceux qui sont compris dans les cinq derniers Numero, avoient été rassemblés à Venise, & formoient un volume que M. Crozat a acquis du sieur Michel Lazari, frere de Jean-Antoine Lazari, Peintre à Venise, & Maître de l'illustre Mademoiselle Rosalba Carriere.

Santa

Santa PERANDA, *Frederic* SUSTRIS, *Dominique* VICENTINI, *Pierre* RICCHI, *Pietro* DELLA VECCHIA, le Chevalier LIBERI, *Jules* CARPIONI, *Valentin* LE FEVRE, le LEONI, dit le Padouan, & autres Peintres Venitiens.

739 Vingt-fept Defseins de ces differens Maîtres, dont une Bacchanale par Jules Carpioni.

740 Vingt-fept, *idem*, dont un Crucifix au pied duquel eft fainte Madelaine & faint Laurent Juftinien ; premiere penfée du Chevalier Liberi, pour le tableau qu'il a peint à faint Pierre *di Caftello* à Venife.

741 Vingt-neuf, *idem*, dont Herodiade faifant préfenter à Herode la tête de S. Jean-Baptifte.

Sebaftien RICCI, & autres Peintres modernes Venitiens.

742 Douze Defseins du Ricci, dont la femme adultere, & dans ce nombre un Defsein d'Antoine Baleftra de Verone.

743 Quatorze, *idem*, dont Jefus-Chrift fervi par les Anges, & un Defsein du fieur Pellegrini.

744 Seize, *idem*, dont une tête de femme deffinée aux trois Crayons.

Ces Defseins de Sebaftien Ricci font des plus beaux qu'il ait fait. Ils font touchés avec beaucoup d'efprit. M. Crozat les avoit prefque tous eu du Maître même.

Divers Peintres Venitiens, non connus.

745 Vingt-cinq Defseins de differentes Compofitions.
746 Vingt-cinq, *idem.*

ECOLE GENOISE.

Luc CANGIAGE.

747 Vingt-cinq Desseins de Compositions diverses, dont l'Enlevement des Sabines, qui a été gravé par Picart dans son livre des Impostures innocentes.

748 Trente, *idem*, dont une irruption de gens de guerre dans un Palais, qui a été publié par Picart dans le livre qu'on vient de citer.

749 Trente, *idem*, dont Venus & l'Amour.

750 Trente, *idem*, dont saint Antoine tenté par les démons.

Jamais Peintre n'a produit avec plus de facilité que celui-ci : mais jamais Artiste n'a été moins arrêté. Il s'étoit fait une méthode de n'indiquer toutes les parties de ses figures, que par de simples lignes droites. On donna de grands éloges dans le tems, à cette nouvelle maniere, mais l'on en a reconnu l'abus depuis, & l'on ne regrette plus, comme on a fait, la prodigieuse quantité de Desseins que ce Maître a détruit lui-même. Il en reste assés pour se consoler de leur perte.

Jean-Benoît CASTIGLIONE, dit le *Benedette*.

751 Trois Desseins ou *Macchettes*, dont Jesus-Christ expirant sur la Croix, & l'Assomption de la sainte Vierge.

752 Trois, *idem*, dont deux autres *Macchettes* représentant, l'une la sainte Vierge adorant l'enfant Jesus dans la Crèche, l'autre un Crucifix.

753 Trois, *idem*, dont deux autres *Macchettes* repréfentant, l'une l'Entrée de Noë dans l'Arche, &
l'autre la fainte Vierge, offrant à Dieu le pere
l'enfant Jefus nouvellement né.

754 Quatorze, *idem* : autres Deffeins du Benedette.

755 Vingt, *idem*, dont le portrait de l'Auteur fait par
lui-même.

756 Soixante Eftampes de Benedette Caftiglione.

Les Deffeins de Benedette qui font ici, font
très-confidérables, & l'on n'en peut guéres defirer
de plus beaux. Ce font des préparations pour fes
tableaux, où le clair-obfcur fait déja tout fon effet ; car c'eft à quoi cet Auteur paroît s'être borné
dans fes Deffeins. Il n'y faut pas chercher la ré-
gularité des formes, elle y eft entiérement né-
gligée.

André SEMINO, *Bernard* CASTELLI, *Jean-Baptifte*
PAGGI, *Sinibaldo* SCORZA, *Dominique* PIOLA,
Dominique PARODI, & autres Peintres Ge-
nois.

757 Vingt-cinq Deffeins de ces differens Maîtres.

758 Dix, *idem*, de Jerôme Imperiali, Valerio Caf-
telli, Barthelemy Bifcaino, Angelo Roffi, &
autres.

759 Treize, *idem*, de Barthelemy Bifcaino, dont le
Mariage de la fainte Vierge.

760 Treize, *idem*, du même Maître, dont la Nativité de Notre-Seigneur, & l'Affomption de la
fainte Vierge.

761 Vingt-quatre Eftampes de Bifcaino, Cangiage &
autres Maîtres.

Le Bifcaino eft un Peintre gracieux, dont les

Desseins sont faits avec grand soin. Sa coutume étoit de les rehausser de blanc, & de piquer beaucoup la lumiere sur les jours. Il choisissoit pour cela du papier legerement teint de couleur. Il y en a ici de fort beaux, & qui sont très-bien conservés.

ECOLES NAPOLITAINE
ET ESPAGNOLE.

Le Cavalier *Matthias* PRETI, dit le Calabrese; *Belisaire* CORRENZIO, *Luc* JORDANE, *Paul* MATEI, *François* SOLIMENE, & autres Peintres Napolitains.

762 Seize Desseins, dont le Combat des Lapithes & des Centaures par le Solimene.

763 Dix-sept, *idem*, dont la sainte Vierge dans le Ciel, accompagnée de plusieurs Saints par Luc Jordane.

Joseph DE RIBERA, dit l'ESPAGNOLET.

764 Quinze Desseins, dont un S. Jerôme.

765 Seize, *idem*, dont un S. Sebastien, ensemble deux Estampes.

Salvator ROSA, & *Jean* GRISOLFI, son disciple.

766 Dix-sept Desseins de Salvator Rosa, Païsages & Caprices.

767 Vingt-quatre, *idem*, dont un grand sujet de Marine.

768 Vingt-cinq, *idem*, dont un grand Dessein repré-

tant le Supplice de Regulus , & cinq Deſſeins du Griſolfi.

769 Trente , *idem* , dont un Saint prêchant dans la Campagne , grande Compoſition , & huit Deſſeins du Griſolfi.

L'on eſtime fort parmi les curieux , les Deſſeins de Salvator Roſa , une fougue de génie , ſouvent peu meſurée , a fait produire à ce Peintre des idées neuves & ſingulieres , qui piquent infiniment le goût ; mais ce qu'il a fait de plus admirable , ſont ſes Païſages. Il les deſſinoit avec tout l'eſprit poſſible. Ceux qui recherchent les Deſſeins de ce Maître , trouveront ici de quoi ſe ſatisfaire.

Philippe DE LIANO , ſurnommé le Napolitain.

770 Cent ſeize Deſſeins de Marines , Païſages & Caprices.

771 Cent dix-huit , *idem.*

Ce Peintre a réuſſi à repréſenter des Marines. Il y en a ici de fort belles , outre un grand nombre d'Etudes de petites figures , que cet Artiſte a deſſiné d'après nature pour en meubler ſes tableaux.

Divers Peintres Italiens, non connus.

772 Cinquante Deſſeins.

773 Cinquante-ſix , *idem.*

774 Cinquante-ſix , *idem.*

775 Soixante & dix-ſept Eſtampes de differens Maîtres Italiens , Raphaël Schiaminozzi , & autres.

Païſages de differens Peintres Italiens , inconnus.

776 Cinquante Deſſeins.

l iij

777 Cinquante, *idem* : autres Païsages.

778 Soixante & neuf, *idem.*

PEINTRES ESPAGNOLS.

779 Dix Desseins de Jean de Valence, disciple de Raphaël, de Barthelemy Morillos, Pierre Catelani, Alonso Cano, Pierre Ribalta, le Carducho, &c.

780 Dix-huit, *idem*, parmi lesquels il y en a plusieurs du Vanegas.

M. de Piles avoit apporté d'Espagne une partie de ces Desseins. Les autres y avoient été rassemblés par le Chanoine Vittoria, qui étant de Valence, n'a pas dû se méprendre sur ceux de Jean de Valence qui font estimables & fort rares. Les Desseins du Catelani ne le font pas moins, & il est surprenant qu'aucun Auteur n'ait parlé de ce Maitre. M. Crozat a trouvé ces derniers Desseins dans la Collection du Cardinal de Sainte Croix.

ECOLES FLAMANDE, HOLLANDOISE ET ALLEMANDE.

Vieux Maîtres.

781 Quarante Desseins, dont une demie figure de femme par Jean Van Eyck de Bruges, l'inventeur de la Peinture à huile.

782 Quarante, *idem*, dont un représente un ancien Oratoire par Martin Schœn, Maître d'Albert Durer.

783 Quarante-trois Deſſeins de Martin Schœn, Lucas Kranich, Henry Aldegraft, Jean de Maubeuge, Antoine More, Leonard Thyri, Franc Flore, Lambert Lombard, & autres.

Albert D U R E R, de Nuremberg.

784 Quatre Deſſeins, dont la premiere penſée du tableau des dix mille Martyrs, qui eſt dans le tréſor de la Maiſon d'Autriche à Vienne ; & une aſſemblée de pluſieurs Saints ; Deſſeins Capitaux.

785 Six, *idem*, dont la Nativité de N. S. Deſſein fait en 1514. & deux Païſages.

786 Vingt, *idem*, dont un ſujet de Vierge legerement coloré, & quelques figures du livre de Proportions d'Albert.

787 Vingt, *idem*, dont pluſieurs penſées pour des Vierges.

788 Vingt, *idem*, dont la ſainte Vierge allaittant l'enfant Jeſus.

789 Trente & un, *idem*, dont pluſieurs Ornemens pour divers ouvrages.

790 Quatre grands Deſſeins, dont trois d'Albert Durer repréſentans des hommes & des femmes à genoux. Ces Deſſeins paroiſſent avoir été faits pour des Peintures ſur verre, de quelque vitrail d'Egliſe ; le quatriéme eſt attribué à Holbein.

Jamais il n'y eut peut-être un génie plus univerſel, que celui d'Albert Durer. Succeſſivement Orfévre, Peintre à huile, en détrempe, & en émail, Sculpteur, Graveur, Architecte, Ingénieur, il exerça avec éclat tous ces divers talens. Raphaël lui-même, tout partiſan qu'il étoit de l'Antique, ne put s'empêcher d'admirer les ou-

vrages de cet excellent homme, & afin que les
louanges qu'il leur donnoit paruſſent plus ſince-
res, il expoſa dans ſon propre Cabinet les Eſtampes gravées par Albert. Le travail en eſt, en effet, merveilleux ; mais il ſemble qu'il y a encore
plus d'eſprit, & que la touche eſt plus legere dans
les Deſſeins de ce grand Artiſte, quoique le *faire*
ſoit le même. Si les formes en étoient pures,
mais il auroit fallu pour cela, qu'Albert eut vû les
Sculptures antiques, ſes Deſſeins iroient de pair
avec ceux des plus grands deſſinateurs de l'Italie.
Preſque tous ceux qui ſont dans la Collection de M.
Crozat, viennent de M. Jabach qui les avoit fait
venir de Flandres, avec de grandes dépenſes ; car
ces Deſſeins y étoient pour lors ſans prix.

L u c a s, de Leyde.

791 Six Deſſeins, dont le Crucifiement, le même que
    Lucas a gravé. C'eſt un morceau très-conſidé-
    rable pour ſon terminé, & pour ſa belle ordon-
    nance.

792 Six, *idem*, dont l'Adoration des Rois ; grande
    Compoſition à la plume, dont on voit une Eſ-
    tampe gravée par Lucas, enſemble trois beaux
    Portraits.

793 Huit, *idem*, dont l'Enfant Prodigue, & l'Eſtam-
    pe de ce Deſſein, gravée par Lucas même.

794 Neuf, *idem*, de Lucas, d'Albert, & autres vieux
    Maîtres Allemands.

    Lucas eſt encore un de ces Génies rares que la
Nature s'eſt empreſſée de produire vers la fin du
quinziéme Siécle. Dans une maniere plus gothique que celle d'Albert, il n'a pas laiſſé de faire
de très-excellens ouvrages, & ſurtout des Deſſeins
qui

qui font touchés avec tout l'art & l'efprit poffi-
bles. Quelle efperance ne devoit-t'on pas conce-
cevoir de ce grand homme, fi la mort ne l'eût
pas enlevé à la fleur de fon âge.

Jean HOLBEIN, de Bafle.

795 Treize Deffeins, dont un repréfente le Parnaffe,
    & trois autres des Portraits très-naïfs.

796 Quarante-fix, *idem*; fçavoir, la fuite du triomphe
    de la Mort, qui a été gravée en bois fur ces
    Deffeins; ils font à la plume, & ont autrefois
    appartenu à Jean Boerckhorft ou Langhen-Jan,
    Peintre Hollandois, plus les deux fameux tableaux
    du triomphe de la Richeffe & de la Pauvreté,
    deffinés par Frederic Zuccaro.

    Le goût d'Holbein eft plus épuré que celui
d'Albert, fa maniere tient davantage de celle
d'Italie. Ce Maître fut regardé dans fon tems
comme un prodige, & aujourd'hui même fa réputation n'eft point diminuée. Le Zuccaro avide de
deffiner dans le cours de fes voyages tous les tableaux du premier ordre, n'a pas oublié ceux du
triomphe de la Richeffe & de la Pauvreté, par
Holbein, qui étoient alors à Londres, d'où l'on
dit que dans les tems de troubles ils ont été trans-
ferés en Hollande.

Pierre KOCH, d'Aloft.

797 Vingt, *idem*, de Pierre Koch d'Aloft, & autres
    anciens Maîtres, dont cinq Deffeins de l'hiftoi-
    re de David, qui paroiffent avoir été faits pour
    des tapifferies.

798 Six grands Deffeins de Batailles remportées fur
    les François par l'Empereur Charles V. & entre

autres , la prise de François premier à la bataille de Pavie. Ces Desseins qui sont de Pierre Koch d'Alost , sont aussi beaux pour la Composition, que s'ils étoient du Giorgion , & ils sont exécutés avec plus de fermeté , que ne l'auroit fait ce dernier. Il est bien dommage que , pour les faire paroître davantage , on les ait vernis autrefois. Ils viennent de M. Jabach ; & il y a grande apparence qu'ils ont été faits pour des tapisseries.

Bernard VAN ORLEY, de Bruxelles.

799 Huit grands & beaux Desseins de Chasses, & sujets Champêtres par Bernard Van Orley , de Bruxelles. Le Païsage y est merveilleusement bien traité. Ce Peintre avoit dans son païs la direction des tapisseries qu'on y exécutoit sur les Cartons de Raphaël , & l'on a même prétendu qu'il avoit étudié sous ce grand homme. Ce fut lui qui fit les Desseins de ces belles tapisseries où sont représentées des Chasses , dont Messieurs de Guise firent faire une tenture qui porte encore leur nom.

Nicolas HOGENBERG, Peintre de Charles-Quint.

800 Vingt-deux Desseins de l'entrée de l'Empereur Charles V. à Boulogne, lors de son entrevûë avec le Pape Clement VII. Ces Desseins ont beaucoup de la maniere du Giorgion. Ils ont été gravés par l'Auteur même.

Martin HEMSKERCK.

801 Douze Desseins de sujets divers de l'invention d'Hemskerck , ou d'après des bas-reliefs antiques.

802. Dix-huit , *idem.*

803 Soixante & neuf , *idem* , Desseins de Ruines de Rome , formant une suite.

La réputation de Martin Hemskerck a été autrefois si grande, qu'on lui donna dans son païs le surnom du Raphaël des Païs-Bas. Cette dénomination lui convenoit cependant très-mal, car loin d'être gracieux comme Raphaël, il est tout-à-fait sauvage. On auroit pu avec plus de vérité, l'appeller le Michel-Ange de son païs, car il est vrai qu'il dessine à la plume avec beaucoup de fermeté & de science.

Jean ROTHNAMER, & autres Peintres contemporains des Païs-Bas, & d'Allemagne.

804 Neuf Desseins très-terminés, dont un qui représente le Déluge, a été fait pour être exécuté dans le fond d'un bassin d'orfévrerie.

Ce Peintre avoit étudié à Venise sous le Tintoret, on s'en apperçoit dans ses Desseins, qui sont agréablement composés.

805 Quinze , *idem* , représentant des Chasses & autres sujets par Jean Stradan de Bruges, qui a travaillé la plus grande partie de sa vie à Florence, étant au service du Grand Duc. Il inventoit avec beaucoup de facilité.

806 Trente-quatre , *idem* , de Jean Van Ach, Josse de Winghen , Martin de Vos, Pierre Candide, Frederic Sustris, *Carle* Van Mander, Barthelemy Spranger, Sebastien Franck, & autres.

807 Soixante & dix Desseins de Corneille Cort, des Sadeler, *Pietre* de Jode, & autres Graveurs des Païs-Bas ; dans ce nombre en est un de Jean Muller à la plume sur du Velin, représentant

Pfyché qui furprend l'Amour, lequel eft admirable pour l'exécution.

808 Vingt-trois, *idem*, de Henri Goltzius, dont quelques-uns de fa fuite des Métamorphofes.

Vers la fin du feiziéme Siécle, tout avoit dégeneré en maniere dans la Peinture. C'étoit une pefte dont les plus grands ravages fe firent fentir dans les Païs-Bas. Les ouvrages n'y étoient prifés qu'autant qu'ils s'éloignoient de la noble fimplicité de la Nature. Il falloit pour avoir de la réputation outrer les Caracteres, charger inconfidérément les Mufcles, donner à fes figures des contorfions & des attitudes auffi fauffes que bifarres. On faifoit paffer ces défauts pour des coups de l'Art, & l'on admiroit les Sprangers, les Goltzius & leurs femblables. Heureufement cette maniere barbare, eft tombée dans un oubli, où il faut efperer qu'elle reftera éternellement.

Pierre-Paul R U B E N S.

809 Le portrait de Rubens placé à l'entrée du Temple de Memoire, & au milieu de plufieurs figures allégoriques repréfentant les Sciences & les Arts, qui ont illuftré ce grand homme. C'eft ainfi que Monfieur de la Foffe, après avoir rendu un femblable hommage au Correge & au Titien, a encore voulu honorer la memoire de Rubens, qui lui devoit être d'autant plus chere, que c'eft en obfervant les principes de cet habile Artifte, qu'il s'eft fait lui-même un fi grand nom dans la Peinture. Ce fujet eft peint à huile, & coloré fur un Carton.

810 Dix Deffeins de Rubens, ou retouchés par lui d'après l'antique, Raphaël, Polidor, Michel-Ange & le Pordenon. Lorfque Rubens rencon-

troit des Deffeins médiocres, ou mal confervés, d'après de grands Maîtres, il fe plaifoit à les retoucher, & à y mettre de l'intelligence, fuivant fes principes. Il les transformoit ainfi dans fon propre goût, de forte qu'à l'invention près, ces Deffeins doivent être regardés, comme des productions de ce grand homme, & où l'on peut beaucoup apprendre pour le clair-obfcur.

811 Dix, *idem*, d'après le Correge, Raphaël, André del Sarte, le Titien, le Mucian, & autres Maîtres Italiens.

812 Dix, *idem*, d'après l'Antique, Michel-Ange & Polidor.

813 Cinq grands Deffeins; fçavoir la Bataille de Conftantin, & la Transfiguration de N. S. d'après Raphaël, le Chrift montré au peuple du Titien, & un Maffacre des Innocens, d'une compofition tout-à-fait pathetique. Ces Deffeins viennent d'Antoine Trieft, Evêque de Gand, ou de M. Jabach.

814 Quatre, *idem*, autres grands Deffeins tirés du Cabinet de l'Evêque de Gand; fçavoir le triomphe de Scipion, & le raviffement d'Hylas par les Nymphes d'après Jules Romain, la Bataille de Ghiaradadda du Titien, & une Frife d'un Auteur inconnu, le tout deffiné ou retouché par Rubens, avec une intelligence dont il n'y avoit que lui qui fût capable.

815 Quatre, *idem*, dont trois font des Deffeins agréablement colorés, d'après les peintures du Primatice, qui étoient dans la Gallerie d'Ulyffe à Fontainebleau.

Compofitions de Rubens.

816 Deux Deffeins capitaux; fçavoir l'Elevation de

N. S. en Croix , tableau de l'Eglife du Bourg à Anvers ; & Melchifedech offrant des préfens à Abraham. Le premier de ces Deffeins qui eft legerement coloré, vient d'Antoine Trieft, Evêque de Gand , & le fecond de M. Jabach ; il a été gravé par Witdouc.

817 Deux , *idem* ; fçavoir Silene yvre foutenu par des Satyres , en demies figures. Ce Deffein qui eft peint à *guazze* avec une intelligence merveilleufe, a été gravé par P. Soutman, l'autre qui repréfente une femme nuë endormie , eft en paftel.

818 Deux , *idem* ; fçavoir , le Martyre de S. Pierre , tableau qui eft dans la Chapelle de la famille de Meffieurs Jabach à Cologne , & S. Ildefonfe recevant un habit des mains de la fainte Vierge ; ce dernier Deffein a été gravé par Witdouc, & le premier avoit été fait pour être pareillement gravé, c'eft grand dommage qu'il ne l'ait pas été, ils viennent l'un & l'autre de M. Jabach.

819 Deux , *idem* , repréfentant l'un l'armée de Sennacherib défaite miraculeufement par l'Ange du Seigneur ; & l'autre, Hercule étouffant le Lion de Nemée.

820 Quatre , *idem* , dont une allégorie fur les Sacrifices de l'ancienne alliance ; Deffein fait pour des tapifferies , dont les Cartons font en Efpagne, & le Deffein d'Erefyċton changé en Lezard, dont il y a une Eftampe gravée par Pierre Van Sompel.

821 Cinq , *idem* , dont une premiere idée pleine d'efprit du Martyre de S. Pierre , dont on a rapporté ci-devant un Deffein terminé , & le portrait de Rubens qu'a gravé Paul Pontius.

822 Cinq, *idem*, Païfages, dont l'étable à Vaches
    qu'a gravé Bolfwert.

823 Dix, *idem*, dont le Martyre de faint Laurent;
    Deffein fur lequel Vorfterman a gravé fon Ef-
    tampe, des Etudes & diverfes Compofitions.

824 Douze, *idem*, dont quelques Deffeins pour des
    Frontifpices de Livres, & l'Etude du Neptu-
    ne qui appaife la tempête dans un des tableaux
    de l'entrée de l'Archiduc Infant à Anvers.

825 Quatorze, *idem*, dont un S. François, & le Def-
    fein très-terminé du Portrait du Cardinal In-
    fant à cheval, fur lequel Paul Pontius a gravé
    fa planche.

826 Seize, *idem*, dont plufieurs Deffeins pour des ti-
    tres de Livres, &c.

827 Onze, *idem*, dont la Defcente de Croix.

828 Quatre grands Deffeins, dont la Converfation
    qui a été gravée en bois par Jegher, deux Etu-
    des pour des Païfages, & une Académie.

829 Cinq, *idem*, dont le Martyre de S. André qui a
    été gravé par Voet, & la Chûte des Anges qui
    l'a été par Soutman; ce font deux très-beaux
    Deffeins, & le dernier a appartenu à M. de
    Piles.

830 Un, *idem*, grand Deffein peint à huile & coloré,
    repréfentant la Chûte des mauvais Anges & des
    réprouvés; differente de toutes celles qui ont
    paru gravées. Il ne faut pas croire que ce ne
    foit ici qu'une Efquiffe; c'eft un morceau peint
    avec foin, & qui peut être mis au rang des plus
    beaux tableaux de Rubens; il vient du celebre
    Cabinet de M. Jabach.

831 Un, *idem*, l'Affomption de la fainte Vierge;
    Deffein très-fini qui a fervi à Bolfwert pour

graver fon Eftampe.

832 Un, *idem*, le feftin d'Herode, dans lequel Hérodiade préfente à ce prince la Tête de S. Jean-Baptifte. Ce Deffein eft encore fort terminé, il a été gravé par Bolfwert.

833 Deux, *idem*, le Mariage de la fainte Vierge, & le Crucifix avec les Larrons, dont on a des Eftampes gravées par les Bolfwert.

834 Deux, *idem*, le S. Roch & le Crucifix, qu'a gravé Paul Pontius.

835 Deux, *idem*, la Defcente du S. Efprit fur les Apôtres, & la Thomiris, qui ont été gravés par Paul Pontius.

Ces deux derniers Deffeins, ainfi que les fix autres qui les précedent, font honneur à Rubens. Lorfqu'on les a vû, l'on n'eft plus furpris que les les Graveurs ayent pu faire des Eftampes auffi parfaites, & où il regne tant d'intelligence. Les beaux modéles qu'ils avoient devant les yeux, les y conduifoient.

836 Six autres grands Deffeins de Rubens contenant des Etudes : dans ce nombre, font auffi compris trois Deffeins de Van Dyck; fçavoir, une danfe d'enfans, & deux Deffeins d'après Rubens.

Etudes de Têtes par Rubens.

837 Vingt-quatre Deffeins de Têtes de divers Caracteres à la pierre noire ou à la fanguine, que Rubens a faits d'après Nature, pour entrer dans la Compofition de fes tableaux ; il s'y en trouve plufieurs pour ceux de la Gallerie du Palais du Luxembourg.

838 Vingt, *idem* : autres Têtes.

839 Vingt

839 Vingt-quatre, *idem* : autres Têtes.

840 Vingt-six, *idem*, : autres Têtes.

Ces quatre-vingt-quatorze Têtes formoient ci-devant un volume que M. de Piles avoit apporté de Flandres , & qu'il conservoit précieusement. L'on croit qu'il l'avoit trouvé dans le même endroit que ce Manuscrit singulier de Rubens, qui ayant passé entre les mains du sieur Boule a péri , avec tant d'autres curiosités , dans l'incendie de sa maison.

841 Cinq Desseins de Têtes ou Portraits.

842 Sept, *idem* : autres Etudes de Têtes.

843 Dix-huit , *idem*, dont le Portrait de Marie de Medicis pour la Gallerie du Luxembourg.

844 Seize, *idem*, dont le Portrait de saint Philippe de Neri.

845 Quarante-trois Desseins de Rubens , d'après de vieux monumens qui conservent la forme des anciens habits , qui étoient en usage en France & dans les Païs-Bas , en remontant jusqu'au douziéme Siécle ; ensemble quelques modes Turques & du Levant. Cette suite qui a été apportée de Flandres par M. de Piles est curieuse , & montre avec quel soin Rubens faisoit des recherches , pour être en état d'observer le *Costume* dans ses tableaux.

Le beau génie de Rubens & sa parfaite intelligence, se manifestent pour le moins autant dans ses Desseins que dans ses tableaux. Dans ses plus legeres Esquisses, ce grand Maître met une ame & un esprit, qui dénotent la rapidité avec laquelle il concevoit & executoit ses pensées. Mais lorsqu'il les met au net, alors, sans rien perdre de cet esprit, qui devient seulement plus reglé , il y ajou-

te tout ce qu'un homme qui poſſedoit dans un
éminent degré les differentes parties de la peinture, & ſingulierement celle du clair-obſcur, étoit
capable d'imaginer pour en faire des ouvrages ac-
complis. Son goût de Deſſein n'eſt point celui de
l'antique, Rubens repréſentoit la nature telle qu'il
la voyoit dans ſon païs ; mais c'étoit toujours avec
une verité, & même avec une ſcience, auſquel-
les les perſonnes qui ne ſont touchés que de belles formes, ne peuvent refuſer leur admiration.
Au reſte, ſi M. Crozat a été riche en Deſſeins
d'Italie, on peut dire qu'il l'a encore été davantage en Deſſeins de Rubens. M. Jabach, Antoine Trieſt Évéque de Gand, & M. de Piles, l'ont
mis par leurs Collections en état de former un
auſſi précieux aſſemblage.

Antoine VAN DYCK.

846 Six Deſſeins, dont celui de la ſainte Vierge,
ayant ſur ſes genoux l'enfant Jeſus adoré par
une Sainte, le même qui a ſervi à Bolſwert pour
graver ſa planche, il eſt d'un terminé & d'une
conſervation parfaite : plus, un très-beau Deſſein d'une Charité, en demie figure, qui vient
de M. Van Schelling.

847 Sept, *idem*, dont une Allégorie ſur les avantages
de la Paix.

848 Dix, *idem*, dont un beau Portrait de Corneille
Vander Geeſt, curieux d'Anvers.

849 Huit, *idem*, Etudes pour des Têtes, & une premiere penſée du tableau d'Armide, ſurprenant
Renaud endormi.

850 Quatorze, *idem*, dont pluſieurs Portraits de la ſuite des Cent portraits, & entr'autres celui de
Robert Van Voerſt, Graveur.

851 Dix, *idem*, dont Samson livré aux Philistins; Dessein terminé, & plusieurs Portraits de femmes.

852 Quinze, *idem*, dont le Portement de Croix, des
Païsages & quelques Etudes de Têtes.

853 Dix-huit, *idem*, dont la guérison du Paralytique.

854 Vingt-quatre, *idem*, dont une premiere idée pour
un tableau de la Pentecôte.

855 Seize, *idem*, dont une Bacchanale & une premiere pensée pour le tableau de Dalila, livrant
Samson aux Philistins.

Si l'on excepte les Portraits de Van Dyck, &
ses Etudes particulieres de Têtes, ou d'autres
parties, dans lesquelles ce Peintre est fort correct
& fort précis, presque tous ses autres Desseins de
Compositions se réduisent à de legeres Esquisses,
que l'Auteur semble n'avoir fait que pour être entendu de lui seul. Il y cherche à développer sa
pensée, se mettant peu en peine de paroître correct. A travers cependant de ces especes de nua-
ges, l'homme de génie se découvre, & l'on y dé-
mêle, quand on y veut prêter attention, des pensées neuves & tout-à-fait sublimes. Tel est à peu
près le caractere des Desseins de Van Dyck, ce
n'est pas cependant qu'il n'en ait fait aussi quel-
quesfois de très-terminés, la Collection de M.
Crozat en fournit des exemples, & l'on voit même par ses païsages, qu'il étoit capable lorsqu'il
vouloit s'y assujettir, de dessiner avec soin, mais
ces Desseins finis sont fort rares. Ceux que M.
Crozat a tiré de Flandres, & singulierement du
Cabinet d'Antoine Triest, Evêque de Gand,
tiennent le premier rang dans sa Collection.

Jacques JORDANS, d'Anvers.

856 Six Desseins colorés, des plus beaux que ce Maî-

tre ait produit , dont un repréfente un Sermon qui fe fait dans une Eglife de Village.

857 Douze , *idem* , parmi lefquels font encore plufieurs Deffeins colorés , & entr'autres une Defcente de Croix.

Bien loin que Jordans foit un deffinateur fin & délicat , il ne faut pas même chercher dans fes Deffeins autant d'intelligence de clair-obfcur que dans fes tableaux ; mais comme il a très-bien entendu la partie de la Compofition , les Deffeins de cet habile Peintre ont une forte de mérite qui les fait rechercher des curieux.

Eleves de Rubens & de Van Dyck.

858 Trente Deffeins d'Abraham Van Diapenbeck, & autres éleves de Rubens.

859 Quarante , *idem* : autres Deffeins de Diapenbeck.

860 Quarante , *idem* : des mêmes Maîtres.

861 Quarante , *idem* : de divers Maîtres de la même Ecole.

862 Trente-neuf, *idem* : de Lanjan , & autres éleves de Rubens.

863 Dix-huit , *idem* : de divers Maîtres Flamands.

La facilité avec laquelle Diapenbeck inventoit, lui a fait produire une prodigieufe quantité de Deffeins , qui font faits fur de bons principes , pour ce qui concerne le clair-obfcur. Ceux qui lui ont fait plus d'honneur, font les tableaux du Temple des Mufes , qui ont été gravés par Corneille Bloemaert.

Divers Peintres Flamands & Hollandois.

864 Vingt-deux Deffeins d'Abraham Bloemert.

865 Treize, *idem*, de Nicolas Berchem, & Corneille
      Huyſmans, d'Anvers.
866 Trente-trois, *idem* : de François Hals, Corneille
      Poëlembourg, Jean Steen, Girard Dou, Salo-
      mon Coningh, H. Van Limborch, & Fran-
      çois Sneydre ; enſemble les Portraits de quelques
      Peintres Flamands modernes.

REMBRANT VAN RHYN.

867 Trente Deſſeins, dont ſon Portrait & celui de ſa
      Mere, faits par lui-même.
868 Trente, *idem*, contenant des Eſquiſſes pour dif-
      ferens Sujets & des Caprices.
869 Trente, *idem* : autres Eſquiſſes.
870 Trente, *idem*.
871 Trente, *idem*.
872 Vingt-cinq, *idem*.
873 Quarante, *idem*.
874 Quarante, *idem*.
875 Quarante, *idem*.
876 Vingt, *idem*, Païſages & Caprices.
877 Vingt-deux, *idem* : autres Païſages, & Caprices.
878 Quatorze, *idem*.

  Cette Collection de Deſſeins de Rembrant qui
eſt fort ample, vient pour la plus grande partie
de M. de Piles, qui l'avoit recueillie en Hollande. Il s'en faut beaucoup que ce Maître ait connu la juſteſſe des proportions ni la nobleſſe des
expreſſions, il ne s'attachoit qu'à l'effet du clair-
obſcur : ce n'eſt pas cependant ce qu'il paroît avoir
le plus recherché dans ſes Deſſeins. Il y retourne le
même Sujet d'une infinité de façons differentes,

toutes plus bifarres les unes que les autres ; voilà ce qui femble avoir été fon principal objet. Ce qu'il a deſſiné de plus vrai, ſont les Païſages.

Adam Elsheimer & *Guillaume* Baur.

879　Dix Deſſeins de Païſages, ou Sujets de ces deux Maîtres, dont la Naiſſance de N. S. & ſon Baptême, par Adam Elsheimer.

880　Onze, *idem*, dont deux Sujets de batailles de G. Baur.

881　Quatorze, *idem*, des mêmes Maîtres.

Elsheimer plus connu ſous le nom d'Adam, a excellé à peindre des Nuits & des Clair-de-lune, Guillaume Baur a réuſſi à peindre à *guazze* en petit des vûës de Palais, des Batailles, des Païſages, & toutes ſortes de Sujets. Le premier a apporté pour ſes Deſſeins le même ſoin que pour ſes tableaux ; il les a extrêmement terminés. Le ſecond a mis dans les ſiens, ſans les faire correĉts, tout le feu & l'eſprit poſſibles.

Pierre Laer, plus connu ſous le nom de Bamboche.

882　Neuf Deſſeins de Vûës, &c.

883　Douze, *idem*, de Vûës de Rome & de ſes environs, principalement de Tivoli.

884　Quatorze, *idem*.

885　Quatorze, *idem*.

Les quarante Deſſeins compris dans les trois derniers Numero, ſont des Etudes faites d'après nature avec beaucoup d'intelligence. Ils viennent de *Carlo* degli Occhiali, célebre curieux à Rome, qui ne doutoit point qu'ils ne fuſſent de Bamboche. Je les croirois cependant plutôt d'un habile Païsagiste Flamand qui se nommoit Bleecker ; mais quiconque les ait fait, c'est toujours un grand Peintre.

Philippe WAUVERMANS.

886 Quatorze Desseins, dont quatre de Philippe Wauvermans, les autres étant de H. Van Steenwyck, Schellinghs, Vander Ulf, &c.

Les Desseins de Wauvermans ne sont nullement communs. L'on donne pour raison de leur rareté, que cet Artiste par un principe d'une affés basse jalousie, avoit brûlé avant que de mourir toutes ses Etudes. Il s'étoit imaginé que quelqu'un en pourroit profiter, & que cela nuiroit à sa gloire.

David TENIERS.

887 Quinze Desseins de Païsages & Fêtes de Village, & dans ce nombre, deux qui représentent des Singes.

888 Quinze, *idem*, du nombre desquels sont aussi quelques Singes.

889 Vingt, *idem* : autres Païsages & Caprices.

La maniere de dessiner de Teniers est fort spirituelle ; avec très-peu d'ouvrage, il rend dans la plus grande verité, les objets qu'il se propose d'imiter. Ordinairement il s'est servi de la mine de plomb pour dessiner, & ce crayon met beaucoup de *vaguesse* & de legereté dans ses Desseins ; mais comme il s'efface aisément, ses Desseins sont difficiles à trouver bien conservés.

Adrien BRAUR.

890 Vingt & un Desseins de Fumeurs, &c.

891 Vingt-trois, *idem.*

La grande réputation que ce Peintre s'est acquise par la beauté de son pinceau, fait qu'on recherche ses Desseins, quoique peu arrêtés, & encore moins interressans pour le choix des Sujets & leur peu de noblesse.

Adrien & *Isaac* VAN OSTADE, & BEGA leur disciple.

892 Dix-huit Desseins de Fumeurs, dont quelques-uns sont colorés.

Jean MIELE.

893 Soixante & sept Desseins, contenant diverses Etudes d'hommes & d'animaux.

894 Soixante & huit, *idem.*

Corneille DE WAEL, *Leonard* BRAMER, *Carl* DU JARDIN, *Jean* GLAUBER, *Jean* WISCHER, le Cavalier *Pierre* TEMPESTE, *Pierre-Philippe* ROOS, *Christian* REDER, *Arnould* HOUBRAKEN, &c.

895 Trente Desseins de ces Maîtres.

896 Trente, *idem* : autres Desseins des mêmes Maîtres.

897 Vingt-sept, *idem*, dans le nombre desquels il y en a, deux d'enfans qu'on attribuë à François, dit le Flamand, célèbre Sculpteur.

Gerard

Gerard LAIRESSE, de Liege.

898 Sept Desseins, dont deux grands qui repréſentent ſous des allégories Rome dans ſa Gloire, & la décadence de l'Empire Romain.

Jean-Eraſme QUELLINUS le jeune, d'Anvers.

899 Quatre grands Desseins colorés à *guazze*, repréſentant des ſujets de Feſtins, qui ont été peints par Quellinus dans le Refectoire du Monaſtere de S. Michel, à Anvers.

900 Six, *idem*: autres Desseins auſſi colorés, repréſentant des Sujets de l'Hiſtoire ſainte.

901 Six, *idem*: autres dans le même goût.

902 Huit, *idem*: autres encore dans le même goût.

903 Onze, *idem*: autres Desseins du même Maître.

Cet Artiſte qui vivoit encore au commencement de ce Siécle, avoit fait ſes principales Etudes en Italie, ſur les ouvrages de Paul Veroneſe. Comme ce grand Maître, il a cherché à ſe diſtinguer par la richeſſe de ſes ordonnances, où il introduit de magnifiques fonds d'architectures, & quantité d'ornemens, qui bien qu'étrangers au ſujet, y produiſent des accidens tout-à-fait heureux. On ne croit pas que ce Peintre ait fait de plus beaux Desseins, que ceux qui ſe trouvent ici dans la Collection de M. Crozat.

Pierre BREUGHEL, dit le vieux Breughel.

904 Onze Desseins du vieux Breughel, dont un fait en 1558. eſt le Chimiſte qui cherche la pierre philoſophale, Deſſein très-fini qui a ſervi à la graveure qui en a été faite; le reſte ſont des Paiſages.

Jean BREUGHEL, dit le Breughel de velours.

905 Quatre Desseins de Païsages très-terminés, dont deux faits en 1596. & 1611. ont été gravés par Gilles Sadeler.

906 Quatre, *idem*, dont deux qui représentent saint Jerôme dans la solitude, & Jesus tenté par le démon, ont pareillement été gravés par Gilles Sadeler.

907 Six, *idem*, dont un qui est une vûë du Colisée, a été fait à Rome en 1593.

908 Six, *idem*, divers Païsages, dont deux à la plume portent la datte 1553.

909 Six, *idem* : autres Païsages, dont un à la plume dessiné en 1597. est un présent fait à Theodore Galle le Graveur, par le Breughel son ami.

910 Six, *idem*, dont une vûë du Pont de Heidelberg.

911 Huit, *idem*; Païsages & Vûës de Canaux de Flandres.

912 Neuf, *idem*, dont deux Sujets en ronds représentant, l'un un Chanoine régulier qui exorcise un possedé, & l'autre le même Chanoine qui prêche des gens de la Campagne.

913 Neuf, *idem*, dont trois vûës de Pouzzole qui ont été gravées par Gilles Sadeler, dans sa suite des ruines de Rome.

914 Dix, *idem*.

Pierre Breughel qu'on nomme le vieux Breughel, pour le distinguer de son fils, s'est rendu célebre dans le milieu du seiziéme Siécle, non-seulement par ses Compositions burlesques & fantastiques, mais encore par ses Païsages, qui sont de très-grande maniere. Lorsqu'il avoit fait le voya-

ge d'Italie, il s'étoit arrêté dans les Alpes., &
y avoit deſſiné des Vûës, qui ordinairement em-
braſſent de grandes étenduës de païs ; on voit de
ces Païſages deſſinés à la plume qui ne ſeroient
pas déſavoués du Titien. Le jeune Breughel que
l'on a ſurnommé de Velours, parce qu'il s'habil-
loit volontiers de cette étoffe , s'attacha comme
ſon pere à faire des Païſages. Sa maniere n'eſt pas
ſi grande, mais il entre peut-être encore dans de
plus grands détails, tant ſa touche eſt legere &
expreſſive. Il n'eſt pas poſſible de pouſſer le terminé plus loin ; & il ne faut pas croire qu'il ait pra-
tiqué cette méthode dans ſes ſeuls tableaux , il l'a
pareillement obſervé dans ſes Deſſeins, qui ſont
eux-mêmes autant de petits tableaux très-terminés. Il en a fait quelques-uns à la plume , & il ſe
ſervoit pour cela d'une plume extrêmement dé-
liée ; mais le plus ſouvent il les faiſoit au pinceau,
touchant avec du biſtre les parties les plus voiſi-
nes de la vûë , & exprimant les lointains avec de
l'indigo. L'on ne croit pas qu'il fût poſſible de
raſſembler un auſſi grand nombre de beaux Deſſeins de ce Maître, qu'il s'en trouve dans cette
Collection. Ils viennent preſque tous de M. Jabach.

Paul BRIL.

915 Huit Deſſeins de Païſages faits à Rome en 1598.
    & qui repréſentent quelques-uns des mois de
    l'année.

916 Cinq , *idem* : autres Païſages, dont un grand, deſ-
    ſiné à Rome en 1609.

917 Six, *idem* : autres Païſages , la plus grande partie
    deſſinés à la plume.

918 Six , *idem* : autres Païſages.

919 Six, *idem* : autres Païfages.

920 Six, *idem* : autres Païfages, dont un deffiné fuf velin en 1621. eft d'un terminé parfait.

921 Six, *idem*, dont la vûë de la Tour où l'on fait la garde à Uftie.

922 Six, *idem*, dont la vûë des ruines du Temple de *Minerva Medica* à Rome.

923 Quatre, *idem*, dont un deffiné en 1613. fur velin, eft un morceau de commande executé avec un foin infini.

924 Huit, *idem* : autres Païfages.

925 Huit, *idem*, dont un qui eft à la plume eft de Matthieu Bril.

926 Neuf, *idem*, differens Païfages & vûës de Rome.

927 Neuf, *idem* : autres vûës de Rome & de fes environs.

928 Neuf, *idem* : autres vûës de Rome & Païfages.

929 Dix, *idem*, dont un deffiné à Rome en 1604. eft un préfent fait par Paul Bril à Paul de Halmale fon ami, célebre curieux à Anvers.

930 Quinze, *idem* : autres Païfages.

    Lorfque Paul Bril paffa des Païs-Bas en Italie, il étoit déja un grand Peintre ; le féjour de Rome ameliora cependant encore fa maniere : elle devint dans cette Ville, la maniere regnante. Cet habile Artifte avoit l'art de diftinguer dans fes Païfages les differens plans, avec beaucoup d'intelligence ; fon *feuiller*, quoiqu'un peu lourd eft agréable ; fes Sites font riches. Il eût peut-être été feulement à defirer que fes ordonnances fuffent moins compofées, & qu'on y reconnût davantage la nature. On s'apperçoit aifément qu'elles font d'invention, en ce qu'elles fe reffemblent prefque toutes. La réputation de Paul Bril s'accrut à un tel point, que non-seulement on fut curieux de ses tableaux ; mais qu'on voulut aussi avoir de ses Desseins. Les principaux amateurs lui en demanderent avec empressement, & voilà pourquoi l'on en trouve qui sont d'une si belle exécution ; car ne les faisant pas pour son Etude particuliere, il se donnoit tout le tems qu'il falloit pour les terminer avec soin. Il en a fait qui ne le cedent point, pour le fini, à ses tableaux les plus soignés ; & l'on en peut voir quelques-uns de cette espece dans cette Collection, qui sont à l'encre de la Chine sur du velin. M. Jabach s'étoit donné de grands soins pour recueillir la plus grande partie de ces précieux Desseins, qui font un des principaux ornemens du Cabinet de M. Crozat.

Luc VAN UDEN.

931 Cinq Desseins de Païsages colorés.

932 Cinq, *idem* : autres Païsages aussi colorés.

933 Six, *idem* : autres Païsages dans le même goût.

934 Huit, *idem* : autres Païsages.

935 Huit grands Desseins de Païsages de Luc Van Uden, Foucquier, & autres Flamands, & dans ce nombre la vûë de la grande Salle de Prague dessinée par Gilles Sadeler.

Les Païsages de Van Uden, font des portraits fidels des Campagnes du Brabant. Ce Peintre qui avoit appris sous Rubens les regles du clair-obscur, se contente d'imiter ce qu'il voit, & de le rendre avec intelligence. Cette simplicité naïve, ne vaut-elle pas la richesse de Compositions plus brillantes, mais moins naturelles ?

Jacques FOUCQUIER.

936 Six Desseins de Païsages, & Etudes d'arbres & de plantes.

937 Huit, *idem* : autres Païsages.

938 Huit, *idem* : autres Païsages.

939 Quatre grands Païsages de Foucquier & de M. Forest.

L'on ne connoît aucun Peintre Flamand qui ait mis dans ses Païsages plus de fraîcheur que Foucquier, ni qui ait exprimé avec plus de précision & d'intelligence la diversité des objets qui se présentent dans les Campagnes. Ses Desseins ne le cedent point en cette partie, à ses tableaux. Les dégradations, & les differens plans y sont merveilleusement bien observés, & s'il s'y trouve sur les devans des plantes ou des broussailles, elles sont traitées avec une verité, qu'on ne voit presque jamais dans les Desseins des autres Païsagistes. Un peu moins de maniere dans la façon de *feuiller* les arbres, qui paroît un peu trop découpée ; les Desseins de Païsages de ce Maître, ne laisseroient, ce semble, rien à desirer.

Païsagistes Flamands & Hollandois.

940 Dix-huit Desseins de Païsages de Josse de Montpre, François de Neve, & divers autres Maîtres Flamands.

941 Dix-huit Desseins de George Hoefnagel, & autres d'après des ruines de Rome.

942 Douze Desseins de Païsages de Barthelemy Breenberg, plus connu sous le nom de *Bartholomé*, du Gofrede, & une vûë de Naples de Guillaume Schellings.

943 Huit grands Païsages d'Antoine Waterlo, & autres Flamands.

944 Onze Desseins de Païsages d'Adrien Vander Cabel, & d'Herman Van Swaneveldt, surnommé dans Rome l'*Hermite*, parce qu'on le trouvoit toujours seul, occupé à dessiner dans les Campagnes ou dans les ruines.

945 Onze, *idem* : autres Païsages des mêmes Maîtres, & le portrait d'Adrien Vander Cabel.

946 Vingt Desseins de Païsages de divers Maîtres des Païs-Bas.

947 Trente, *idem*, d'Herman, & autres.

948 Trente, *idem* : autres Païsages.

949 Trente, *idem* : autres Païsages.

950 Trente, *idem* : autres Païsages.

951 Vingt-cinq, *idem*, dont un du P. Mulier, dit le Chevalier Tempeste.

952 Vingt-quatre, *idem*, dont seize sont de Vûës des environs de Florence par Theodore Ver-Cruys, ensemble deux Païsages gravés par ce Maître.

Maîtres Flamands, inconnus.

953 Soixante Desseins divers.

954 Soixante & quatre, *idem*.

955 Trente-deux Estampes d'Adam Elsheimer, Vauvermans, & autres Maîtres des Païs-Bas.

956 Soixante & neuf, *idem* : Païsages de Foucquier, Paul Bril, Sadeler & autres.

957 Soixante & quinze, *idem* : autres Païsages de François de Neve, Waterlo, Herman, & autres.

ECOLE FRANÇOISE.

Anciens Peintres François.

958 Vingt & un Desseins de Jean Cousin, Daniel Dumonstier l'ancien, Etienne Delaulne, Antoine Caron, Quénel, Ambroise du Bois, & Martin Freminet.

959 Trente, *idem*, d'Ambroise du Bois, Jacob Bunel, & autres.

960 Cinquante Desseins, la plûpart de l'histoire de Diane. Ils ont été faits par un de ces anciens Peintres François qui travailloient à Fontainebleau du tems du Primatice ; & par une inscription qui est au dos d'un de ces Desseins, il paroît que ce sont les Desseins de Peintures qui ont été executées dans quelqu'Hôtel ou Château appartenant à la famille de Guise.

961 Vingt-deux Desseins de Portraits en pastel, par Daniel Dumonstier & Laneau.

Nicolas POUSSIN.

962 Un grand Dessein très-fini & capital, représentant Camille qui fait fouetter le Maître d'Ecole.

963 Cinq, *idem*, l'Extrême - onction & autres Sacremens.

964 Six, *idem*, dont l'Adoration des Rois de deux dispositions differentes, l'Enlevement des Sabines, &c.

965 Dix, *idem*, dont Venus & Adonis servis par les Amours.

966 Dix, *idem*, dont la Présentation au Temple.

967 Sept

967 Sept, *idem*, dont la Danse de la vie humaine.

968 Vingt-quatre, *idem*, dont Hellé recevant de Jupiter le Bellier d'or.

969 Dix-sept, *idem*, dont Vénus apparoissant à Enée sous la figure d'une Chasseresse.

970 Vingt, *idem*, dont Galatée à sa toilette.

971 Vingt-cinq, *idem*, dont Alexandre honorant le tombeau d'Achille.

972 Vingt-cinq, *idem*, dont le Sacrifice de Noë après la sortie de l'Arche.

973 Vingt-deux, *idem*, dont Dedale fabriquant un Taureau d'airain pour Pasiphaë, & une figure d'Académie.

Presque tous ces Desseins du Poussin viennent de M. Jabach, de M. Stella, ou de *Carlo* degli Occhiali qui les avoit eûs à Rome, des heritiers même du Poussin.

Païsages du Poussin, la plus grande partie faits d'après Nature dans les Vignes de Rome, ou aux environs de cette Ville.

974 Quatorze Desseins, dont six petits Païsages.

975 Quinze, *idem* : autres Païsages.

976 Quinze, *idem*.

977 Quinze, *idem*.

978 Seize, *idem*.

979 Seize, *idem*.

980 Huit, *idem* : autres Païsages en hauteur.

981 Huit, *idem*, aussi en hauteur.

982 Huit, *idem*, dont deux grands en travers.

983 Six, *idem* : grands Païsages, dont un executé

d'une main tremblante, mais où l'on reconnoît pour la penſée, le même ſublime, que dans tous les autres ouvrages de ce grand Maître.

984 Vingt-trois, *idem*, parmi leſquels ſont pluſieurs copies de Païſages des Carraches, qu'on prétend avoir été faites par le Pouſſin.

985 Vingt, *idem*, pareils aux précedens.

Etudes du Pouſſin d'après l'antique.

Cinquante-cinq Deſſeins de Statuës & Bas-reliefs antiques, faits par le Pouſſin pour ſon Etude, avec ſon portrait gravé à la tête.

L'on a un très-petit nombre de Deſſeins finis du Pouſſin. Quand il deſſinoit, il ne ſongeoit qu'à fixer ſes idées, qui partoient avec tant d'abondance, que le même ſujet lui fourniſſoit ſur le champ une infinité de penſées differentes. Un ſimple trait, quelquefois accompagné de quelques coups de lavis, lui ſuffiſoit pour exprimer avec netteté, ce que ſon imagination avoit conçû. Il ne recherchoit alors ni la juſteſſe du trait, ni la verité des expreſſions, ni l'effet du clair-obſcur. C'étoit le pinceau à la main qu'il étudioit ſur la toile ces differentes parties de ſon tableau. Il étoit dans la perſuaſion, que toute autre méthode n'étoit propre qu'à rallentir le génie, & à rendre l'ouvrage languiſſant. Son raiſonnement étoit bon pour de petits tableaux, & le Pouſſin en a fait très-peu de grands ; mais ſi l'on ne voit point de ſes Académies, ni d'Etudes de têtes & autres parties en grand, il ne faut pas en conclure qu'il mépriſât l'Etude de la Nature. Perſonne, au contraire, ne l'a conſulté plus ſouvent, l'on ne peut même lui reprocher d'avoir jamais rien fait de pratique : c'eſt pourquoi il ſuivoit par rapport au Païſage, une mé-

thode differente de celle qu'il tenoit pour la figure. L'indifpenfable néceffité d'aller étudier fur le
lieu le modéle, lui a fait deffiner un grand nombre
de Païfages d'après Nature avec un foin infini.
Non-feulement il devenoit alors religieux obfervateur des formes ; mais il avoit encore une attention extrême à faifir des effets piquans de lumiere, dont il faifoit une application heureufe dans
fes tableaux. Muni de ces Etudes, il compofoit
enfuite dans fon Cabinet ces beaux Païfages, où
le fpectateur fe croit tranfporté dans l'ancienne
Grece, & dans ces Vallées enchantées décrites
par les Poëtes. Car le génie de M. Pouffin étoit
tout poëtique. Les fujets les plus fimples & les
plus fteriles, devenoient entre fes mains, interef-
fans. Dans les derniers jours de fa vie, qu'une
main tremblante & appefantie lui refufoit le fer-
vice, le feu de fon imagination n'étoit point encore éteint, cet habile Peintre mettoit au jour des
idées magnifiques, qui faififfent d'admiration, en
même-tems qu'elles caufent une forte de peine de
les voir fi mal exécutées.

Gafpre DU GHET, Beaufrere du Pouffin.

987. Vingt-quatre Deffeins de Païfages.
988 Vingt-cinq, *idem.*

Claude GELLE'E, dit LE LORRAIN.

989 Six Deffeins de Païfages.
990 Six, *idem*, dans l'un defquels eft repréfentée l'A-
doration du Veau d'or.
991 Sept, *idem* : autres Païfages.
992 Huit, *idem* : autres Païfages.
993 Dix, *idem* : autres Païfages.

994 Dix, *idem*, dont deux Païsages en rond.

995 Six, *idem*: autres Païsages, la plûpart de grandes Compositions.

996 Six, *idem*, parmi lesquels sont quelques Desseins de Charles Melin, dit le Lorrain, ensemble vingt-cinq Estampes gravées par Claude le Lorrain, ou par Dominique Barriere, d'après des tableaux de ce Maître.

De tous les Païsagistes, Claude le Lorrain est celui qui a mis le plus d'air & de fraîcheur dans ses Païsages. C'est par où il s'est distingué, car il n'a été heureux ni dans le choix des formes, ni dans celui des Sites qui paroissent trop uniformes & trop répetés dans ses Compositions. Ce défaut est une preuve de son peu de génie ; mais comme il y suppléoit par une connoissance parfaite de la partie de l'harmonie, ses Desseins autant que ses tableaux, qui, quoiqu'un peu trop chargés d'ouvrage, font un grand effet, mériteront toujours une place distinguée dans les Cabinets. Il en avoit formé un volume pour son propre usage, dans lequel il avoit rangé les Desseins de tous les tableaux qu'il avoit peints. Cette Collection étant passée toute entiere & sans aucun démembrement, en les mains de Milord Duc de Devonshire, on ne doit plus être surpris si les Desseins de ce Maître sont si rares.

Jacques CALLOT, Dessinateur & Graveur.

997 Quarante Desseins de Caprices, Etudes & Païsages.

998 Cinquante-quatre, *idem*, dont une premiere pensée pour le saint Mansuet, & un beau Païsage ; le reste sont des Caprices.

999 Soixante & quatre, *idem*, dont le Deſſein original pour la planche du ſaint Manſuet, & la Cérémonie pour la poſition de la premiere pierre
d'une Egliſe par un Pape.

1000 Un grand Deſſein de la Tentation de S. Antoine par Jacques Callot, different pour la Compoſition de celle qu'il a gravé. Ce Deſſein eſt
d'une grande beauté, il avoit été tranſporté en
Flandres où il a appartenu à Antoine Trieſt,
Evêque de Gand.

L'on convient qu'il n'eſt pas poſſible de mettre plus d'eſprit dans ſa graveure, que Callot en
a mis dans la ſienne. Il eſt pourtant vrai que ſes
Deſſeins ſont encore infiniment plus ſpirituels.
Quoiqu'en petit, tout y eſt prononcé avec fermeté, & l'on ne craint point de le dire, ſçavam-
ment. C'étoit le fruit des bonnes Etudes, que
cet habile Artiſte avoit fait à Florence. Il y avoit
trouvé une maniere dominante qui étoit trop
chargée ; mais qui convenoit pour des ſujets bur-
leſques, tels que ceux qu'il repréſentoit, & même pour des ſujets où il entroit des Modes. Ainſi
ce qui étoit un vice dans les Peintres d'hiſtoires
de ce tems-là, devenoit une maniere propre &
faite en quelque ſorte exprès pour Callot. Le
grand Deſſein de la Tentation de ſaint Antoine
qui eſt dans la Collection de M. Crozat, peut
être regardé comme un des chef-d'œuvres de ce
Maître. C'eſt le quatriéme grand Deſſein terminé
que j'ai vû de lui, pour parvenir à faire cette belle
Eſtampe, qui lui a ſi juſtement mérité la réputation dont il jouit.

Simon VOUET, & autres Peintres contemporains.

1001 Vingt Deſſeins de Simon Vouet, Remi Vui-

bert, François Perier, Jacques Stella, Cham-
pagne, &c.

1002 Quinze, *idem*, de divers Peintres François.

1003 Six Deſſeins de Sebaſtien Bourdon, dont deux
ſujets de Vierges & deux Païſages.

1004 Quinze, *idem*, de Pierre Mignard, & autres.

Claude MELLAN, Graveur.

1005 Trente-huit Deſſeins, la plus grande partie de
Têtes & de Portraits, en paſtel ou aux trois
crayons, enſemble une Eſtampe.

1006 Trente-huit, *idem*, avec deux Eſtampes.

Charles LE BRUN.

1007 Huit Deſſeins, dont le Sacrifice de Jephté, &
les premieres penſées pour le tableau de la famille de Darius aux pieds d'Alexandre, & pour
celui de l'apotheoſe d'Hercule peint dans le
plafond de la Gallerie de Lambert.

1008 Dix, *idem*, dont le Deſſein de la Pentecôte;
tableau de la Chapelle du Seminaire de ſaint
Sulpice.

1009 Vingt-ſix, *idem*, dont pluſieurs Têtes en paſtel,
copiées par M. le Brun pour ſon étude, d'a-
près le tableau de la famille de Darius de Paul
Veroneſe.

1010 Vingt-cinq, *idem*, dont la Cérémonie de la Marche de M. le Chancelier Seguier, accompagné
des Officiers du Sceau.

1011 Trente, *idem*, contenant diverſes Etudes.

1012 Vingt, *idem*, dont deux beaux Deſſeins pour le
plafond du Château de Vaux, & des Etudes.

1013 Vingt, *idem*, dont une premiere penſée pour

l'ordonnance générale du plafond du grand Efcalier de Verfailles.

1614 Trente, *idem*, dont Apollon dans fon char ; fujet pour un plafond.

1015 Trente, *idem*, dont le Sacrifice de Jephté, & des Etudes.

1016 Trente-huit, *idem* : autres Etudes.

1017 Trois grands Deffeins Capitaux ; fçavoir le Triomphe de la fainte Vierge, fujet du plafond de la Chapelle du Seminaire de S. Sulpice, la Chûte des Anges, & le Lever du Soleil, ce dernier Deffein fait pour être exécuté en plafond ; tous trois font fort terminés : ils viennent de M. Jabach qui étoit lié d'une amitié étroite avec M. le Brun.

1018 Un grand Deffein de Charles le Brun, repréfentant l'Enlevement des Sabines. Il avoit été fait pour M. Fouquet ; mais ce Miniftre n'en ayant pas paru content, M. le Brun piqué, le mit en piéces, dès qu'il fut hors de fa préfence. Heureufement M. Girardon étoit préfent, il en ramaffa foigneufement les fragmens, les rejoignit, & conferva jufqu'à fa mort ce Deffein, qu'on peut regarder comme une des plus belles ordonnances de l'illuftre le Brun.

Si Monfieur le Brun avoit mis plus d'ame & de fineffe dans fes Deffeins, s'il les eût affaifonnés de ce fel qui rend fi piquans ceux des grands Maîtres d'Italie, certainement il n'y auroit guéres de plus beaux Deffeins que les fiens ; car il mettoit bien enfemble une figure, il a un trait correct & pur, fes expreffions font vraies, il entend parfaitement la fcience des Grouppes, & la diftribution du clair-obfcur, l'on ne peut enfin defirer un plus beau génie. Monfieur le Brun moins occupé, auroit peut-être encore produit de plus belles chofes, que celles qui ont décidé de fa réputation : mais ayant la direction générale de tous les ouvrages qui fe faifoient pour un Prince magnifique, fous l'empire duquel les Arts fleuriffoient, il ne lui étoit pas permis d'entrer dans tous les détails, il falloit qu'il s'en reposât fur d'autres, & fa gloire en a fouffert. Quoiqu'il en foit, un homme qui a produit les Batailles d'Alexandre, méritera dans tous les tems une premiere place dans la Peinture.

Euftache LE SUEUR.

1019   Quinze Deffeins, Compofitions & Etudes.

1020   Quinze, *idem* : autres Compofitions & Etudes.

1021   Quinze, *idem* : autres Etudes & Compofitions.

1022   Quinze, *idem* : Etudes.

1023   Quinze, *idem* : autres Etudes.

1024   Cent quarante-fix Deffeins ; fçavoir, vingt-deux premieres penfées pour les tableaux de la vie de S. Bruno, peinte dans le Cloître des Chartreux à Paris, & toutes les Etudes au nombre de cent vingt-quatre, faites d'après nature, pour ces tableaux. C'eft le plus grand ouvrage qu'ait fait l'illuftre le Sueur, & celui qui lui a affuré une réputation immortelle. L'on y a joint les Eftampes au nombre de vingt-trois, qui ont été gravées par Chauveau, d'après ces tableaux. Cette Collection de Deffeins qui eft infiniment précieufe, avoit été raffemblée à Paris, par un parent de *Salvator Rofa* nommé *Francanzani*, qui étoit un fort bon curieux.

Monfieur le Sueur élevé dans l'école d'un excellent Peintre, mais d'un très-grand praticien,

fentit

fentit tout d'un coup où la maniere de fon Maître le conduifoit, & fans autre fecours que fon
heureux génie, il fe fit lui-même une maniere qui
plus fage, plus pure & plus élevée, approche
tellement de celle de Raphaël, qu'on le prendroit
moins pour le difciple de Vouet, que pour celui
de ce Peintre tout divin. Il y a eu entre ces
deux grands hommes, Raphaël & M. le Sueur,
une conformité parfaite. Tous deux refpec-
toient le goût de l'antique, & l'avoient pris pour
modéle ; ils avoient la même idée du beau ; la
même fimplicité, la même nobleffe regnoient
dans l'arrangement de leurs drapperies ; les foins
pour fe rendre habiles, n'ont pas été moindres
chez l'un que chez l'autre. Si Raphaël a bien entendu l'Architecture, s'il a été un obfervateur
rigide des regles de la Perfpective, l'illuftre le
Sueur n'y a pas été moins foumis. L'on voit
encore fur plufieurs de fes Deffeins, les échelles
perfpectives tracées, & toutes les opérations né-
ceffaires, pour pofer chaque figure à la place
qu'elle devoit occuper dans fon tableau. Par-là, &
par toutes les Etudes qu'il a faites d'après nature, l'on peut juger combien il étoit en garde contre lui-même, & combien il craignoit de tomber
dans une pratique vicieufe dont il ne voyoit que
trop d'exemples fous fes yeux. Il femble que la mort
en enlevant Raphaël & M. le Sueur prefqu'au
même âge, & dans le tems qu'ils commençoient
à peine à paroître dans le monde, ait voulu rendre complet le paralléle de ces deux grands hommes que nous avons ébauché.

François VANDERMEULEN.

1025 Six Deffeins de vûës des Villes de Flandres,
dont quelques-uns font colorés.

1026 Seize, *idem* : autres Etudes de vûës prises sur le Naturel, pour les tableaux des Conquêtes du Roi.

Avant que de peindre les Conquêtes de Louis XIV. M. Vandermeulen alloit dessiner sur le lieu même, les vûës des Places dont le Roi s'étoit emparé, & les campagnes où s'étoient données les batailles. Il faisoit ces Desseins avec une grande précision, & l'on estime principalement ceux qu'il a colorés. La verité y est amenée à un point, qu'il semble qu'on ne peut rien desirer au-delà.

Raymond DE LA FAGE.

Sujets de l'Histoire Sainte.

1027 Douze Desseins, dont son Portrait fait par lui-même pendant son séjour à Rome, & plusieurs sujets de l'Histoire Sainte, parmi lesquels il s'en trouve quelques-uns qui sont terminés avec grand soin à l'encre de la Chine, sur du velin.

1028 Quinze, *idem* : autres sujets de l'Histoire Sainte, du nombre desquels est un grand & beau Dessein, représentant les Philistins affligés de la Peste.

1029 Huit, *idem*, Desseins de grandes Compositions en hauteur ; sujets tirés de l'Histoire Sainte, dont quelques-unes ont été gravées, & notamment le serpent d'airain, par Estinger.

1030 Douze, *idem*, dont Tobie donnant la sépulture aux morts.

1031 Douze, *idem*, dont un projet de la Fage pour une Statuë équestre de Louis XIV. dont le piédestal auroit été orné de figures, représentant des Esclaves, & l'histoire qui décrit les

Victoires de ce Prince.

1032 Six, *idem*; grands Desseins, dont un représente
le Jugement dernier ; & un autre qui a été gravé, les enfans de Caïn bâtissant la premiere
Ville.

1033 Quinze, *idem*, dont l'Assomption de la sainte
Vierge, & un sujet de Bataille ; les autres sont
pour la plus grande partie des Esquisses.

1034 Quinze, *idem*, dont Saül évoquant l'ombre de
Samuël, & parmi ces Desseins en est un où la
Fage s'est représenté d'une façon burlesque,
dessinant dans un Cabaret, & près de lui M.
Bourdalouë fameux curieux, qui étoit son *Me-
cene*, versant à boire au marchand d'Estampes
Van Brugen.

1035 Neuf, *idem*, dont une grande Composition de
Bataille.

1036 Vingt, *idem* : diverses Esquisses.

Sujets de la Fable.

1037 Huit Desseins, dans le nombre desquels est le
Portrait de l'Auteur au milieu de plusieurs figu-
res allégoriques qui ont rapport à son caractere.
Ce Dessein a été gravé par Vermeulen.

1038 Huit, *idem*, composant ensemble une Frise, où
est représenté le triomphe de Bacchus & d'A-
riadne. Il y en a des Estampes gravé espar Ertinger.

1039 Huit, *idem* : autre Frise représentant le triomphe de Flore, qui a été gravée par Gerard Audran & par Vermeulen.

1040 Dix, *idem*, dont le portrait de l'Auteur, celui
qui a été gravé par Ertinger, & une Frise représentant une Bacchanale.

q ij

1041 Neuf, *idem* : autres Frifes repréfentant des Bacchanales.

1042 Huit, *idem*, Defleins fur velin, lavés à l'encre de la Chine avec un foin infini, dans le nombre defquels eft repréfenté le pillage du Temple de Delphes, par les Tectofages.

1043 Huit, *idem*, dont cinq ont été faits pour fervir de modéles à des Peintres d'Evantails.

1044 Six, *idem* ; fujets de Bacchanales ou triomphes de Divinités des eaux, en travers.

1045 Six, *idem* : autres Bacchanales, ou Bains de Nymphes, auffi en travers.

1046 Dix, *idem* ; fujets de la Fable, dans ce nombre il y en a deux fur du velin, lavés à l'encre de la Chine avec grand foin, repréfentant l'Enlevement d'Helene, & le raviffement des Sabines.

1047 Dix, *idem* : autres fujets de la Fable, & une penfée differente de la Statuë équeftre de Louis XIV. qui a été décrite ci-devant.

1048 Douze, *idem* : divers Caprices, fujets de la Fable, & un Païfage.

1049 Trente-fept, *idem* : diverfes Efquiffes, qui ainfi que les fuivantes, furent les feuls Defleins qui fe trouverent appartenir à l'Auteur, lors de fa mort arrivée à Lyon dans le tems qu'il fe préparoit à un nouveau voyage d'Italie. M. Crozat les acheta de fes heritiers.

1050 Trente, *idem* : autres Efquiffes, parmi lefquelles font cinq ou fix Defleins de Boitard, difciple de la Fage.

     Il n'y eut jamais de vocation pour le Deffein mieux marquée, que celle de la Fage. Sans fecours, fans maître, malgré fes parens, il réfolut

de se faire dessinateur, & ce qui ne paroîtra presque pas croyable, il devint bien-tôt un dessinateur profond. Il n'avoit eu jusqu'alors que son
génie pour guide ; il continua à étudier dans Rome, sur les ouvrages des grands Maîtres, & le
Dessein lui devint si familier, que sans aucune
préparation, il exécutoit du premier coup tout
ce que son imagination lui suggeroit. On l'a vû
commencer un Dessein qui devoit être composé
d'un très-grand nombre de figures, par un point
qu'on lui avoit marqué, & de-là cheminant toujours, couvrir en peu d'heures tout son papier, de
figures, qui formoient ensemble le sujet qu'on lui
avoit proposé. Il fit souvent cette épreuve en pré-
sence des Maîtres de l'Art, qui surpris de sa facilité de dessiner, n'admiroient pas moins la science profonde qu'il mettoit dans son Dessein. Car
la Fage sçavoit parfaitement l'anatomie, & tout
praticien qu'il étoit, il formoit toutes ses parties
avec beaucoup de précision. Le plus souvent il
se contentoit de dessiner ses figures au trait sans
aucune ombre. Lorsqu'il les vouloit terminer davantage, & y ajouter du lavis ; comme il n'enten-
doit point la partie du clair-obscur, & que ce qui
faisoit valoir davantage ses Desseins, étoit la promp-
titude avec laquelle il les exécutoit, ces Desseins
finis devenoient froids & languissans, & ne fai-
soient aucun effet. Ceux où il réussissoit le mieux,
étoient ordinairement ceux qui lui avoient le
moins coûté, & presque toujours ceux qu'il avoit
fait dans le fort de l'yvresse. Il choisissoit dans ces
instans des sujets libres & des Bacchanales, en
quoi il ne suivoit que trop un malheureux pen-
chant qui le portoit à la débauche. Ses admirateurs n'ont point fait difficulté de le comparer,
& même de le mettre au-dessus de Raphaël, de

Michel-Ange & des Carraches. Cet éloge est outré, mais il faut cependant convenir que la Fage est un fier dessinateur, & qu'en cette partie ses ouvrages méritent une place distinguée dans les Cabinets. Les Desseins de ce Maître qu'a rassemblé M. Crozat, sont en grand nombre, ils comprennent presque tout ce que la Fage a fait dans le cours de sa vie ; c'est-à-dire, tout ce que M. Bourdalouë, M. Garnier Sculpteur & Van Brugen qui avoient beaucoup fait travailler la Fage avoient recueilli eux-mêmes, & ce que M. Crozat qui avoit pareillement connu ce dessinateur, avoit eu de lui, ou de ses heritiers.

Charles DE LA FOSSE.

1051 Quatorze Desseins, Etudes pour les peintures du Dome de l'Eglise des Invalides.

1052 Dix-huit, *idem*, dont deux Desseins colorés pour des tableaux qui ont été exécutés dans la Chapelle du Château de Choisy-le-Roi.

1053 Dix-huit, *idem*, dont la Nativité de N. S.

1054 Vingt, *idem*, dont la Naissance de Minerve ; sujet du plafond de la Gallerie de M. Crozat.

1055 Vingt-deux, *idem*, dont la Chûte des Geants ; Dessein fait dans le tems que M. de la Fosse sortoit de chez M. le Brun.

1056 Huit, *idem*, de Têtes, la plûpart en pastel.

Jean JOUVENET & *Antoine* COYPEL.

1057 Huit Desseins de ces deux Maîtres, dont le Dessein d'un plafond de l'Hôtel de saint Pouange, par Jouvenet ; & deux sujets de titres de Livres très-bien composés, par M. Coypel.

1058 Huit, *idem*, de Jouvenet, dont le Deſſein d'un plafond qu'il a peint à Rennes.

1059 Quatorze, *idem*, de Coypel, dont Adam & Eve à qui Dieu reproche leur peché, & pluſieurs Etudes de Têtes.

Divers Maîtres François, modernes.

1060 Vingt-quatre Deſſeins des deux Corneille, & autres Maîtres François.

1061 Vingt-huit, *idem*, d'Alexandre Ubieleſqui, Fran-çois Verdier, Colombel, &c.

1062 Dix-neuf, *idem*, de Santerre, Louis Dorigny, Jean-Baptiſte Van Loo, Natoire, Bouchar-don, &c.

1063 Neuf, *idem*, d'Antoine Vateau. Ce ſont les Deſ-ſeins que ce Peintre légua en mourant à M. Crozat, en reconnoiſſance de tous les bons of-fices qu'il en avoit reçûs.

1064 Huit, *idem*, Deſſeins de Païſages de Jean-Bap-tiſte Foreſt & Iſraël Silveſtre.

1065 Dix-neuf, *idem*, de Foreſt & de Monſieur Ope-nor.

1066 Trente-ſix Eſtampes ou Portraits, de differens Peintres François.

Etudes d'Animaux par differens Maîtres.

1067 Trente & un Deſſeins d'Animaux de Jules Ro-main, & autres Maîtres Italiens.

1068 Trente-ſept, *idem*, de Sneydre, & autres Fla-mands.

1069 Quarante & un, *idem*, de differens Peintres.

Ornemens par differens Maîtres.

1070 Dix Desseins d'Ornemens, Architecture, & compartimens pour des Plafonds de differens Maîtres Italiens.

1071 Quarante, *idem.*

1072 Quarante, *idem.*

1073 Quarante-cinq Desseins de Mascarons, de divers Maîtres Italiens.

1074 Cinquante Desseins d'Ornemens, dans le nombre desquels en est un en grand, de Maître Etienne de Laulne.

1075 Cinquante-cinq Desseins de Fontaines, Tabernacles, Vases & Ornemens de divers Maîtres.

1076 Cinquante-cinq Desseins de divers Maîtres, dont on ignore les noms.

1077 Soixante, *idem.*

1078 Cent quatorze, *idem.*

1079 Soixante & quinze, *idem.*

1080 Cent, *idem.*

1081 Cent, *idem.*

1082 Cent vingt-cinq, *idem.*

1083 Un paquet de diverses Copies faites par Macé pour M. Jabach, d'après les plus beaux Desseins que possédoit ce curieux.

1084 Autre paquet de divers Desseins peu considérables.

1085 Autre de même.

1086 Autre de même.

F I N.

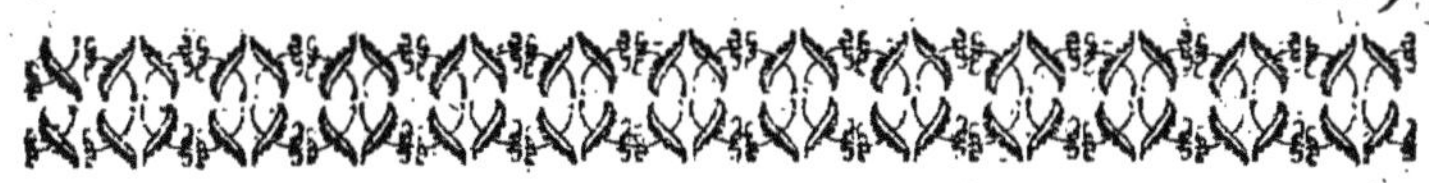

CATALOGUE
DES PLANCHES

QUI compofent le Recueil d'Eftampes, d'après les plus beaux Tableaux & les plus beaux Deffeins qui font en France dans le Cabinet du Roi, dans celui de Monfeigneur le Duc d'Orleans, & dans d'autres Cabinets, divifé fuivant les differentes Ecoles, avec un Abregé de la vie des Peintres, & une defcription hiftorique de chaque Tableau; publié par les foins de Monfieur Crozat en 1729.

Ecole Romaine.

1 VEnus couchée, *peinture antique*; gravé par *Jerôme Frezza*.
2 Pallas, *peinture antique*, par *le même*.
3 Jefus-Chrift au tombeau, de *Pierre Perugin*, gravé par *Claude du Flos*.
3* Jefus-Chrift defcendu de Croix; Deffein *du même*, gravé par *M. le C. de C.*
3** L'Invention de la Croix, de *Bernardin Pinturicchiq*; clair-obfcur exécuté par *Nicolas le Sueur*.

Raphaël d'Urbin.

Tableaux du Roi.

4 Saint Michel, gravé par *Nicolas Larmeffin*.
5 La fainte Famille de J. C. par *Jacques Frey*.
6 La fainte Vierge, par *Jacques Chereau*.

7 Sainte Marguerite, par *Louis Surugue*.

8 Portrait de Jeanne d'Arragon, Vice-Reine de Sicile, par *Jacques Chereau*.

9 Portrait de Raphaël, par *Nicolas Larmeſſin*.

10 Portrait d'un jeune homme, par *Nicolas Edelink*.

11 Autre Portrait, par *le même*.

12 Portrait du Cardinal Jules de Medicis, par *le même*.

13 Portrait du Comte Balthazar Caſtiglione, par *le même*.

14 Saint Jean-Baptiſte, par *Simon Vallée*.

15 Saint Michel, des premieres manieres de Raphaël, par *Claude du Flos*.

16 Saint Georges, par *Nicolas Larmeſſin*.

17 La ſainte Famille, par *François de Poilly*, retouchée par *Charles Simoneau*.

18 S. Jean l'Evangeliſte, par *Nicolas Larmeſſin*.

Tableaux de Monſeigneur le Duc d'Orleans.

19 S. Jean dans le Déſert, par *François Chereau*.

20 La ſainte Famille, par *Nicolas Larmeſſin*.

21 La ſainte Vierge, par *le même*.

22 Autre, par *Jean-Charles Flipart*.

23 Autre en rond, par *Jean Raymond*.

24 Autre, par *Nicolas Larmeſſin*.

25 Jeſus-Chriſt au Jardin des Olives, par *Jean-Charles Flipart*.

26 Jeſus-Chriſt portant ſa Croix, par *Nic. Larmeſſin*.

27 Jeſus-Chriſt mis au Tombeau, par *Claude du Flos*.

28 Viſion d'Ezechiel, par *Nicolas Larmeſſin*.

Tableaux des Cabinets de differens Particuliers.

29 La ſainte Vierge, du Cabinet de M. le Prince de Carignan, par *François de Poilly*, rétablie par *Charles Simoneau*.

30 La ſainte Vierge, du Cabinet de M. Crozat, par *Jacques Chereau*.

31 S. Georges, du même Cabinet, par *Nic. Larmeſſin.*

32 Portrait du Cardinal Polus, du même Cabinet, par *Nicolas Larmeſſin.*

33 Judith, du même Cabinet, par *Antoinette Larcher.*

34 La ſainte Vierge, dont le Tableau eſt à l'Eſcurial, par *Charles Simoneau.*

35 Portrait de Carondelet, dont le Tableau eſt en Angleterre chez le Duc de Grafton, par *Nicolas Larmeſſin.*

Deſſeins de Raphaël.

36 Alexandre & Roxane, par *Charles-Nicolas Cochin.*

37 Le même, dont les figures ſont drappées, par *Charles-Nicolas Cochin.*

38 Hercules Gaulois, ou l'Eloquence ; clair-obſcur par *Charles-Nicolas Cochin & Vincent le Sueur.*

39 La Calomnie peinte par Apelles ; clair-obſcur par *Charles-Nicolas Cochin & par Nicolas le Sueur.*

40 Jeſus-Chriſt donnant les Clefs à S. Pierre ; clair-obſcur par *P. P. A. Robert & par Nicolas le Sueur.*

41 Jeſus-Chriſt porté au Tombeau, par *M. le C. de C.*

42 La mort d'Adonis, par *le même.*

43 Etude pour le Tableau de la diſpute du S. Sacrement, par *le même.*

44 Etude pour le Tableau de l'Ecole d'Athenes ; clair-obſcur par *P. P. A. Robert & par Nicolas le Sueur.*

45 & 46 Etudes pour le Tableau de la deſcente des Sarrazins au Port d'Oſtie, par *M. le C. de C.*

47 Deux Païſages au trait, par *le même.*

48 Façade d'Egliſe, par *le même.*

Jules Romain.

Tableaux du Roi.

49 L'Adoration des Bergers, par *Louis Deſplaces.*

50 Le Triomphe de Titus & de Veſpaſien, par *le même.*

51 La Circoncifion de Jefus-Chrift, par *Bernard Lepicié.*

Tableaux du Palais Royal.

52 L'Enlevement des Sabines, par *Philippe Simoneau.*
53 La Paix entre les Romains & les Sabins, par *le même.*
54 Prife de Carthagene par Scipion, par *Nic. Tardieu.*
55 La Famille de Coriolan à fes genoux, par *le même.*
56 Scipion récompenfant fes Soldats, & reconnoiffant les prifonniers de guerre faits à Carthagene, par *le même.*
57 La Continence de Scipion, par *le même.*
58 Jupiter & Io, par *Bernard Lepicié.*
59 Jupiter & Semelé, par *Jean Hauffart.*
60 Jupiter & Junon, par *Bernard Lepicié.*
61 Jupiter & Alcmene, par *Nicolas Tardieu.*
62 Jupiter & Danaé, par *J. B. de Poilly*

Tableaux des Cabinets de differens Particuliers.

63 La Création d'Eve, par *Jean Hauffart.*
64 Bain de Nymphes, par *François de Poilly.*
65 Des Pefcheurs retirans leurs filets ; Deffein exécuté en clair-obfcur, par *M. le C. de C. & Nicolas le Sueur.*

Perin del Vague.

66 Les trois Déeffes fe préparant pour le Jugement de Paris, par *Philippe Simoneau.*
67 Timoclée juftifiée par Alexandre ; Deffein exécuté en clair-obfcur, par *M. le C. de C. & Nicolas le Sueur.*
68 La Multiplication des pains, traitée de trois manieres differentes ; Deffein gravé par *M. le C. de C.*

Timothée della Vite, ou Viti.

69 Moïfe fauvé par la fille de Pharaon ; Deffein gravé par *M. le C. de C.*

70 Hersé refusant à Mercure l'entrée de chez Aglaure, par *le même*.

Polidore de Caravage.

71 La Messe ; Dessein exécuté en clair-obscur, par *M. le C. de C. & Nicolas le Sueur*.

Benvenuto Garofalo.

72 La sainte Vierge adorant l'enfant Jesus , par *Jean de Poilly*.
73 La Samaritaine , par *Frederic Horthemels*.
74 La sainte Vierge ; tableau de chez le Roi , attribué à *André Luigi* , par *Nicolas Tardieu*.

Jean-François Penni.

75 Les Egyptiens submergés dans la Mer rouge ; Dessein exécuté en clair - obscur , par *M. le C. de C. & Nicolas le Sueur*.

Jean de Udine.

76 Grotesques ; Dessein gravé par *M. le C. de C.*
77 Autres Grotesques , par *le même*.

Raphaël del Colle.

78 Jesus-Christ au milieu des Apôtres ; clair-obscur par *M. le C. de C. & Nicolas le Sueur*.

Barthelemy Ramenghi , dit Bagnacavallo.

79 S. Paul accompagné de deux Saintes ; clair-obscur par *P. P. A. Robert & Nicolas le Sueur*.

Jerôme Genga.

80 Guérison des dix Lépreux par Jesus-Christ, par *Louis Surugue*.

Gaudentio Ferrari.

81　Nativité de Jefus-Chrift , par *J. B. de Poilly.*
82　La Pentecôte , par *Frederic Horthemels.*

Mathurin.

83　Sacrifice d'Elie & des Prophétes de Baal ; clair-
obfcur par *P. P. A. Robert & Nicolas le Sueur.*

Balthazar de Sienne.

84　S. Jerôme , par *Nicolas Château* , & retouché par
Louis Surugue.
85　Un Berger conduifant un Lion ; clair-obfcur par
M. le C. de C. & Nicolas le Sueur.

Siciolante de Sermoneta.

86　La Vertu , par *Jean Hauffart.*

Jerôme Mutian.

87　Réfurrection du Lazare , par *Simon Vallée.*
88　Jefus-Chrift lavant les pieds de fes Apôtres , par
Louis Defplaces.

Thadée Zuccaro.

89　Jefus-Chrift dans le Sépulcre , par *Jean Raymond.*

Frederic Zuccaro.

90　L'Empereur Henri IV. aux pieds du Pape Gregoire VII. clair-obfcur par *M. le C. de C. & Nicolas le Sueur.*

Jofeph Cefari , dit le Chevalier *Jofepin.*

90*　La Chûte de Phaëton ; clair-obfcur par *M. le C.
de C. & Nicolas le Sueur.*

Michel-Ange Amerigi , dit le *Caravage.*

91　La Mort de la fainte Vierge , par *Simon Vallée.*

Pierre-François *Mola.*

110 Prédication de S. Jean, par *Jacques - Philippe le Bas.*

111 Entrevûë de Jacob & de Rachel, par *Edme Jeaurat.*

112 Repos en Egypte, par *le même.*

Pierre *Testa.*

113 Martyre de Saint-Ange, Carme; clair-obscur par *M. le C. de C.* & *Nicolas le Sueur.*

André *Sacchi.*

114 Portement de Croix, par *Simon Vallée.*

115 Mort d'Abel, par *Frederic Horthemels.*

116 Agar dans le Désert, par *Charles Simoneau.*

Le Bernin, & ses disciples.

117 Marcus Curtius, par *Louis Desplaces.*

118 Sainte Catherine de Sienne, de *Melchior Caffa,* par *Simon-François Ravenet.*

119 Prédication de S. Jean, de *Jean-Baptiste Gauli,* dit le *Bachiche,* par *Bernard Lepicié.*

120 Sainte Claire par ledit *Bachiche,* par *Louis Desplaces.*

Carle *Maratte.*

121 Adoration des Bergers, par *Jean-Baptiste de Poilly.*

122 Prédication de S. Jean, par *Charles Dupuis.*

123 Galathée, par *Jean Audran.*

124 Annonciation de la sainte Vierge, par *Nicolas Tardieu.*

125 Des Malades invoquans un S. Evêque; Dessein d'*Hiacinthe Brandi,* par *M. le C. de C.*

126 Un saint Abbé rendant la vûë à un aveugle de

Jean

Jean Bonnati ; clair-obfcur par *M. le C. de C.* & *Nicolas le Sueur*.

127 Sainte Madeleine pénitente, du Chevalier *Bene-nedetto Luti*, par *Nicolas Dauphin de Beauvais*.

128 Saint François Xavier mourant, de *Louis Geminiani* ; clair-obfcur par *M. le C. de C.* & *Nicolas le Sueur*.

129 Saint Sebaftien, du Chevalier *Daniel Saiter* ; clair-obfcur par *les mêmes*.

130 Le faint-Efprit defcendant fur les Apôtres, de *Jean-Baptifte Lenardi* ; clair-obfcur, par *les mêmes*.

131 L'Affomption de la fainte Vierge, de *Jofeph Paffari* ; clair-obfcur par *les mêmes*.

132 L'Annonciation, de *Jean-Marie Morandi* ; clair-obfcur par *les mêmes*.

133 S. Philippe de Neri, de *Louis Garzi* ; clair-obfcur par *les mêmes*.

134 Diane & Endimion, de *Sebaftien Conca* ; clair-obfcur par *Nicolas le Sueur*.

135 La fainte Vierge accompagnée de plufieurs Saints, de *Pierre de Petri* ; clair-obfcur par *M. le C. de C.* & *Nicolas le Sueur*.

136 La fainte Vierge, de *François Trevifani*, par *Nicolas Pigné*.

137 Des Anges portant la Toifon de Gedeon, d'*André-Antoine Orazi* ; clair-obfcur par *M. le C. de C.* & *Nicolas le Sueur*.

Ecole Venitienne.

Premier fupplément.

Le Titien.

1 Portrait de François premier, par *Gilles-Edme Petit*.
2 Jefus-Chrift apparoiffant en Jardinier à fainte Madeleine, par *Nicolas Tardieu*.
3 Danaé, par *Louis Defplaces*.

Paul Veronese.

4 Rebecca, par *Jean Moyreau.*
5 Persée & Andromede, par *Louis Jacob.*
6 Les Disciples d'Emaüs, par *Claude du Flos.*
7 Moïse sauvé, par *Edme Jeaurat.*
8 Les Disciples d'Emaüs, par *H. Simon Thomaffin.*
9 Paul Veronese entre le Vice & la Vertu, par *Louis Desplaces.*
10 Mars désarmé par Venus, par *Michel Aubert.*
11 Mars & Venus liés par l'Amour, par *Michel Aubert.*
12 La Sageffe compagne d'Hercule, par *Louis Desplaces.*
13 L'Infidelité, par *Simon Vallée.*
14 Le Dégoût, par *Benoît Audran.*
15 Le Respect, par *Louis Desplaces.*
16 L'Amour heureux, par *Louis Desplaces.*
17 Mercure & Herfé, par *François Joullain.*
18 Loth & ses filles sortant de Sodome, par *Benoît Audran.*
19 Les Ifraëlites sortant d'Egypte, par *Louis Jacob.*
20 Rebecca, par *Louis Jacob.*
21 Adoration des Rois, par *Nicolas Dupuis.*
22 Chrift au Tombeau, par *Gafpard Duchange.*
23 Mariage de sainte Catherine, par *Frederic Horthemels.*
24 Apollon écorchant Marsias, par *François Joullain.*

Tintoret.

25 Naiffance de S. Jean, par *Frederic Horthemels.*

Paul Farinat.

26 Enlevement d'Europe ; clair-obfcur, par *Nicolas le Sueur.*

27 Deux hommes enlevés au Ciel dans un Char ; clair-obfcur par *Nicolas le Sueur*.

Second fupplément.

Georgion de Caftel Franco.

28 Moïfe préfenté à la fille de Pharaon, par *Pierre Aveline*.

29. Paftorale, par *Nicolas Dupuis*.

30 Portement de Croix, par *Frederic Horthemels*.

Frere Barthelemy de S. Marc.

31 La fainte Vierge, par *Charles Simoneau*.

Titien.

32 Jupiter amoureux d'Antiope, & transformé en Sa-tyre, par *Bernard Baron*.

33 La vie humaine, par *Simon-François Ravenet*.

Paul Veronefe.

34 Adoration des Rois, par *Jacques-Philippe le Bas*.

35 Adoration des Bergers, par *Louis Jacob*.

36 Adoration des Rois, par *Frederic Horthemels*.

37 Venus & Adonis, par *Simon-François Ravenet*.

38 Diane & Acteon, de *Jacques Baffan*, par *E. Feffard*.

39 Jupiter & Io, d'*André Schiavon*, par *Pierre Aveline*.

40 Le Calvaire, d'*Annibal Carrache*, par *Louis Def-places*.

41 Adam & Eve repris de leur peché, de *Dominique Zampieri*, par *Nicolas Tardieu*.

42 Erigone, du *Guide*, par *Corneille Vermeulen*.

Ces Planches font accompagnées d'environ *qua-tre cent* Exemplaires imprimés, avec difcours tant en grand qu'en petit papier, ce qui eft le refte de l'édition, à quoi font joints *trente-fix* Deffeins très-terminés, faits pour cette suite, dans le nombre desquels il s'en trouve *neuf*, qui n'ont point encore été gravés.

Autres Planches.

L'histoire de la Ville de Toulouse, & autres Sujets gravés par François Ertinger, de la Haye, & autres, d'après les Desseins de Raymond la Fage, au nombre de *trente-cinq* Planches de differentes grandeurs.

Plus, *huit* Planches de differentes grandeurs, la plûpart gravées d'après des Desseins, & quelques-unes de Cuivre poli & prêt à graver.

F I N.

9 782014 460568